Allitera Verlag

Heinz Haftmann

Das Dorf Obergiesing

Eine Chronik der bäuerlichen Anwesen
und ihrer Besitzerfamilien

Allitera Verlag

Mai 2013
Allitera Verlag
Ein Verlag der Buch&media GmbH
© 2013 Buch&media GmbH, München
Satz und Layout: Buch&media GmbH, München
Umschlaggestaltung: Alexander Strathern, München
Karte Innenseite vorne: Urkatasterblatt von 1809
Karte Innenseite hinten: Plan aus dem Jahr 1849
Printed in Europe · ISBN 978-3-86906-509-0

Dank

Mein Dank gilt dem Stadtteilgeschichtsarchiv des Vereins Freunde Giesing und besonders den vielen freundlichen Mitarbeitern der Münchner Archive für ihre Unterstützung und vor allem meiner Frau Erika für die viele Geduld, wenn ich für Stunden und Tage in den Archiven und am Schreibtisch verschwunden war. Ein Dankeschön auch an meinen Sohn Florian für die professionelle Mithilfe bei den PC-Problemen. Für die großzügige Unterstützung bei der Herstellung des Buches danke ich besonders Frau Helga Plöchinger von der Sparda Bank München eG, Geschäftstelle Giesing und vor allem Herrn Alexander Strathern und Frau Dietlind Pedarnig vom Allitera Verlag für die Verwirklichung dieses Buches.

Inhalt

Grußwort	....	11
Vorwort des Autors	....	13

Die Häuser Obergiesings

	DAMALS	HEUTE	
1	Wirt zu Giesing	Tegernseer Landstraße 112	19
1	Grafenbauer	Tegernseer Landstraße 138	25
2	Apothekenhammerl	Wirtstraße 8–12	28
3	Stephlingartl	Wirtstraße 8–12	28
4	Rechenmacher	Wirtstraße 8–12	29
5	Schatzl	Wirtstraße 6	30
6	Schatzlhaber	Wirtstraße 2a	33
7	Schusterpeter	Wirtstraße 1 / Ecke Bergstraße 15	34
8	Hochhauser	Grünfläche neben Wirtstraße 2a	35
9	Greindlhäusl	gegenüber Bergstraße 15 an der Hangkante ...	38
10	Heß am Berg	gegenüber Bergstraße 15 an der Hangkante ...	39
11	Bichlmayer	Bergstraße 15	40
12	Michlbauer	zwischen Bergstraße 11 und 15	43
13	Ostermayerbauer	zwischen Bergstraße 11 und 15	47
14	Risshaus	gegenüber Zehentbauernstraße an der Hangkante	53
15	Schrannenbauer	Bergstraße 9	54
16	Altwirt	Zehentbauernstraße 2	58
17	Sattlerbauer	Zehentbauernstraße 6	61
18	Daimer	Zehentbauernstraße 3	64

	DAMALS	HEUTE	
19	Apothekerbauer	Zehentbauernstraße 7	70
20	Hainzn	Zehentbauernstraße 8	74
21	Zehentbauer	Kreuzung Zehentbauern-/Martin-Luther-Straße	75
22	Beim Totengräber	gegenüber Zehentbauernstraße 13 und 15	79
23	Gschwendtner	Weinbauernstraße 6	80
24	Beim Oberpferdarzt / Diemhaus	Bergstraße 5	84
25	Metzgerhäusl	Weinbauernstraße 4	86
26	Hoffischerbauer	Weinbauernstraße 9	87
27	Pragerbauer	Weinbauernstraße 13	92
28	Paulanergütl	Weinbauernstraße 16	96
29	Lechner- oder Lehnerbauer	Martin-Luther-Straße 4	98
30	Mayerbauer	Martin-Luther-Straße 2	103
31	Hauserbauer	Silberhornstraße 2	109
32	Spitzerhäusl	Grünfläche zwischen Icho- und Silberhornstraße	117
33	Mesnergütl	Spielplatz an der Silberhornstraße	117
34	Spitzerhof	Grünfläche zwischen Icho- und Silberhornstraße	118
35	Sturmhof	Grünfläche am Bergsteig	122
36	Schallerhof	Ichostraße 1	128
37	Lerchenhof / Riegerbauer	Schulhof Ichoschule	131
38	Hirtenhäusl	Ecke Tegernseer Land- / Kistlerstraße	135
39	Schmied	Ecke Tegernseer Land- / Weinbauernstraße	136
40	Zubau Wirt von Giesing	Tegernseer Landstraße 112	139
41	Schuster	Grünfläche zwischen Bergstraße 11 und Zehentbauernstraße 2	140
42	Häusl am Keller	Ecke Wirtstraße / Harlachinger Weg	140
43	Metzger	Grünfläche Am Bergsteig	141
44	ehemals beim Kreuzwirth	bei Bergstraße 5	145

	DAMALS	HEUTE	
67	Birkenleiten	Birkenleiten 15	146
68	Papiermühle / Kraemermühle	Birkenleiten 41	148
69	Sitz Pilgersheim	Pilgersheimer Straße 38	151
90	»Loher Wirt«	Ecke Loh-/Kupferhammerstraße	152
127	Schrafnagelmühle	Lohstraße 46	154

Neugründungen landwirtschaftlicher Anwesen im 19. Jahrhundert		160
128	Soyerhof	Soyerhofstraße 14–16	161
129	Warthof	Tegernseer Land-/Ecke Stadelheimer Straße	164
130	Brumerhof	Stadelheimer Straße beim Schwanseeplatz	167
131	Stadelheim	Stadelheimer Straße beim Schwanseeplatz	170

Sonstige landwirtschaftliche Anwesen		173
Tegernseer Landstraße 57		174
Tegernseer Landstraße 69		174
Tegernseer Landstraße 92		175
Pilgersheimer Straße 28		176

Giesinger Güter und Edelsitze		177
Schwaige Harthausen		178
Gut Harlaching		179
Geiselgasteig		180
Siebenbrunn		181
Hellabrunn		183

Literaturverzeichnis		184
Abbildungsnachweis		185

Grußwort

Die »Chaussee nach Tölz«, unter diesem Namen war die Tegernseer Landstraße früher bekannt. Sie markierte einst die Ostgrenze Giesings und war als Fernverkehrstraße unverzichtbar für den Transport von Gütern zwischen München und Tölz. Ob Landwirtschaft, Fremdenverkehr oder Industrie – sie alle geben seit vielen Jahrhunderten den Takt vor, der die »TeLa«, wie die Straße heute genannt wird, antreibt und belebt.

Dieser Verbindungsweg spielt auch im Buch von Heinz Haftmann eine Rolle.

In »Das Dorf Obergiesing. Eine Chronik der bäuerlichen Anwesen und ihrer Besitzerfamilien« bekommen der ursprüngliche Kern Giesings und seine Geschichte eine Plattform. Diese spiegelt sowohl die Vielschichtigkeit als auch die Bedeutung des Ortsteils für die ganze Stadt wider. Vom 14. Jahrhundert bis in die Moderne wird das Gesicht des heutigen Stadtteils nachgezeichnet, das etliche Wandlungen hinter sich hat.

Viel hat sich geändert in den Hunderten von Jahren, in denen Giesing bereits existiert – ob als selbstständige Landgemeinde oder seit der Eingemeindung 1854 als Teil der Stadt München. Doch die Tegernseer Landstraße ist auch heute noch eine wichtige Lebensader für den Stadtteil und die gesamte Stadt.

Es ist also kein Zufall, dass die Sparda-Bank München im Jahr 2006 eine Geschäftsstelle in dieser historisch so bedeutenden Straße eröffnet hat. Unsere Genossenschaftsbank ist untrennbar mit der Stadt München verbunden, wo sie im Jahr 1930 gegründet wurde. Doch das Engagement der Sparda-Bank München endet nicht an den Grenzen der Landeshauptstadt, sondern erstreckt sich über ganz Oberbayern. Daher ist es uns eine Herzensangelegenheit, die Historie und das Brauchtum unserer Heimat zu erhalten.

Ein Buch wie »Das Dorf Obergiesing« leistet dazu einen wertvollen Beitrag. Der Autor Heinz Haftmann ermöglicht es, etwas über unsere Wurzeln zu erfahren und über die Orte zu lesen, die unsere gemeinsame Geschichte prägen. Dies unterstützt die Sparda-Bank München gerne, indem sie das Buchprojekt fördert.

Helga Plöchinger, *München, April 2013*
Leiterin der Geschäftsstelle Giesing
der Sparda-Bank München eG

Vorwort des Autors

Die erste Nennung des Ortsnamens ist im Traditionscodex des Cozroh von 824 zu finden, einer Zusammenstellung des Grundbesitzes des Bistums Freising. Der Priester Icho übergibt zur Zeit des Bischofs Atto (783–811) an einem 14. Juli (die genaue Jahreszahl fehlt) seinen ererbten Besitz zu «Kyesinga» an den Dom zu Freising. Er stammte vermutlich aus einer begüterten Familie (nobilis vir), die neben Giesing noch anderen Grundbesitz besaß, unter anderem beim Kloster Schäftlarn. Der Herkunftsort der Familie könnte »Ichenhusen« (Ichenhausen heute Groß- und Kleineichenhausen bei Sauerlach) oder auch das heutige Ichenhausen an der Günz gewesen sein.

Wegen der bescheidenen Größe der damaligen Ansiedlung dürfen wir annehmen, dass Icho nicht Pfarrer und Seelsorger in Giesing war. Einer der wichtigsten Gründe für diese Annahme ist der Umstand, dass ein Pfarrer von Giesing durch die Schenkung seines Besitzes nach Freising seine wirtschaftliche Grundlage verloren hätte.

Das Dorf Giesing erscheint erst 1315 als Filialkirche (Nebenkirche) der Pfarrei Bogenhausen. Verschiedene Messstiftungen, die Voraussetzungen für einen ortsansässigen Seelsorger, wurden 1444 zusammengefasst und 1483 ein förmliches Benefizium stiftungsgemäß errichtet.

Die Herkunft des Namens Kyesinga weist auf einen Sippenältesten namens Kyso hin.

Bei den Grundaushebungen für die Ichoschule wurde 1914 ein Gräberfeld mit 249 Gräbern aufgedeckt, das von circa 580–730 für durchschnittlich 60 Bewohner als Begräbnisstätte gedient hat. Die Anordnung der Gräber und die aufgefundenen Beigaben und Waffen weisen auf alemannischen Ursprung hin. Dies bestätigt, dass der Namensstamm Kyso aus dem alemannischen Siedlungsbereich kommt (Geisingen bei Ludwigsburg) und dass die Sippe bei ihrer Wanderung im 5. und 6. Jahrhundert ihren Sippen- und Wohnortsnamen immer mitnahm (siehe auch Schöngeising, Kottgeisering).

Die Endung des Ortsnamens auf -ing oder -ingen ist sowohl im alemannischen als auch im baiuwarischen Bereich gebräuchlich.

Die Ortschaft Giesing gehört ursprünglich zum Herrschaftsbereich der Grafen von Wolfratshausen. Nach dem Aussterben der Wolfratshauser Linie kommt die Grafschaft ab 1157 zur verwandten Linie der Grafen von Dießen, die sich später nach ihrer Burg Andechs benennen. Nach dem Tod des letzten Andechser 1248 fällt die Grafschaft an das Herzogtum Baiern in die Hand der Wittelsbacher. Verwaltungsmäßig tritt an die Stelle der Grafen das Landgericht Wolfratshausen, für Giesing das Amt in Perlach.

Bei der Neuorganisation der Gerichte und Ämter 1815 wird Obergiesing ein eigener Steuerdistrikt und 1818 eine Ruralgemeinde (Landgemeinde). Sie umfasst das Dorf Ober-

Vorwort des Autors

giesing mit einer Siedlungsfläche, die heute dem Bereich zwischen Icho-, Berg-, Wirt- und Tegernseer Landstraße entspricht sowie Harlaching und Menterschweige. Dazu unterhalb des Bergs die seit 1610 zum Gericht »Ob der Au« gehörende Dorfschaft Lohe (heute Untergiesing) und die obere Falkenau (heute beim Stadtteil Au), die erst 1812 wieder mit dem Dorf Obergiesing vereinigt werden. Die Gemarkung Giesing reicht mit Wiesen, Feldern und Wald vom Rosenheimer Platz, über die Balanstraße bis nach Geiselgasteig. Die Dorfschaft Niedergiesing (auch Untergiesing genannt, heute Nockherberg, Hoch- und Ruhestraße) wird bereits 1814 der Vorstadt Au einverleibt.

Im Mai 1848 entscheiden sich die Bewohner von der Au, Haidhausen und Giesing fast einstimmig für die Eingemeindung nach München. Nach »allerhöchster Entschließung« wird am 17. Mai 1854 die Zustimmung erteilt. Flächenmäßig vergrößert sich München von 1700 Hektar auf 3370 Hektar (davon Giesing 1287 Hektar). Die Zahl der neuen Münchner Stadtbewohner beträgt 20 662 (davon aus Giesing 3549).

1936 erfolgt die verwaltungsmäßige Aufteilung in Stadtbezirk 17 Obergiesing (seit 2010 mit Zusatz »Fasangarten«, historisch nicht ganz nachvollziehbar) und Stadtbezirk 18 Untergiesing-Harlaching.

Die Rekonstruktion der Schicksale und der Geschichte der Bauernhöfe erschließt sich nur aus wenigen Quellen, die meistens keine persönlichen Angaben enthalten. So beschränkt sich der geschichtliche Ablauf auf dürre Zeitangaben und Fakten und weist vielfach größere Abstände bei der Darstellung der Eigentumsverhältnisse auf. Bei Eigennamen oder Berufs- und Titelbezeichnungen wird in der Regel die alte Schreibweise beibehalten.

Ausgangspunkt für die Zusammenstellung der Anwesen ist der Urkatasterplan der ersten Landesvermessung von 1809 mit der dazugehörigen Beschreibung der Anwesen und der Nummerierung der Häuser aus dem Jahre 1812. (Vgl. dazu Karte Umschlaginnenseite.)

Früher – und das gilt zum Teil auch noch heute, definierte sich im ländlichen Lebensraum eine Person in der Regel über den Hof- oder Hausnamen und nicht über den Familiennamen. Durch die Verwendung des Hofnamens ist von vornherein klar, welche Familie gemeint ist. Seit 1760 sind uns für das Dorf Obergiesing die durch kurfürstliches Dekret eingeführten Hof- beziehungsweise Hausnamen bekannt, die auch in das Katasterwerk von 1812 neben den Familiennamen übernommen werden.

Die Größenangaben der Bauernhöfe folgen der Einteilung der Anwesen nach dem »Hoffuß«, der 1445 bei der Erhebung der Landessteuer als Steuermaßstab eingeführt wird:

ganzer Hof; halber Hof (Hube); Viertelhof (Lehen).

Die Hinweise in den Quellen für die Bausölden (Achtelhöfe) und gemeinen Sölden (Sechzehntelhöfe) sind sehr selten, darum fehlen hier ausführliche Beschreibungen. Diese kleinen Höfe mit geringer Anbaufläche dienen in der Regel nur der Selbstversorgung der jeweiligen Besitzerfamilie. Aus Datenschutzgründen wird bei noch lebenden Nachkommen der Eigentümerfamilien ab 1870 auf nähere Angaben verzichtet.

Eine weitere Art eines Wohnhauses sind sogenannte Herbergen. Ein neu erbautes oder ein bestehendes, meistens kleineres Haus ist aufgeteilt in mehrere selbstständige, mit einem eigenen Eingang versehene Wohnungen. Die Erbauer und Besitzer sind in der Regel Handwerker und Tagelöhner. Das Grundstück gehört einem Grundherrn, wohingegen Mauern und Dach Gemeinschaftseigentum sind. Ein Herbergsanteil ist frei verkäuflich.

Die Größe der Anbauflächen wird der Gepflogenheit der jeweiligen Zeit entsprechend angegeben: Ein Joch oder Juchert ist ein Tagwerk und ein Tagwerk umfasst 3407 Quadratmeter oder 100 Dezimal (Maßangabe ab ungefähr 1700), drei Tagwerk sind circa ein Hektar (10 000 Quadratmeter).

Zwischen Grundherr und Bauer gibt es verschiedene Vertragsverhältnisse:

- Der Grundbesitzer überlässt sein Eigentum als bloße Freistift ohne Stiftsbrief (Vertrag) in der Regel nur für ein Jahr zur Nutzung.
- Bei der »veranlaiten Freistift« verlangt der Grundherr ein Handgeld (Laudemium) und stellt einen Stiftsbrief aus. Die Zahlung des sogenannten Stiftspfennig führte zu einer Verlängerung der Freistift.
- Das Leibrecht wird auf Lebenszeit des Bauern verliehen und erlischt mit seinem Tod.
- Beim Erbrecht kann das Nutzungsrecht auf die Kinder weitervererbt werden. Der Grundherr verlangt bei der Erteilung jedoch ein Laudemium von 7,5 von Hundert des Schätzwertes.

Die Abhängigkeit der Bauern von ihrem Grundherrn kommt in vielfältigen Steuern zum Ausdruck:

- Das Stiftsgeld (Stiftspfennig) ist eine jährlich am Stiftstag zu entrichtende, jedoch geringfügige Abgabe, eine Art Bodenzinssteuer.
- Die Gült (Gilt, auch Weisat) ist die wichtigste Abgabe. Sie ist im Stiftsbrief festgelegt und ist in natura als eine bestimmte Anzahl von Scheffeln an Getreide zu entrichten, kann auf Bitten auch mit Geld beglichen werden.

    1 Scheffel = 224 Liter = 150 Kilogramm = 3 Zentner
    1 Pfund Pfennige = 240 Pfennig = 8 Schilling = 1 Gulden

Als Kuchldienst ist eine festgesetzte Zahl von Eiern, Käse und Geflügel abzugeben.

Neben diesen Abgaben ist der Zehent an die Kirche abzuführen: großer Zehent = jede zehnte Getreidegarbe, kleiner Zehent = jeder zehnte Teil bei Gemüse, Obst, Kartoffel, Flachs.

Vorwort des Autors

Nach dem Ablösegesetz von 1848 müssen diese Grundabgaben abgelöst werden, jedoch zu sehr günstigen Bedingungen. Erst damit werden die Grunduntertanen freie Bauern im heutigen Sinn.

Die Chronik erfasst die Hausnummern 1 bis 44 des Dorfs Obergiesing laut Katasterplan von 1809. Die Hausnummer 45 und 46 sind laut Steuerbuch von 1812 erst nach 1809 entstanden, Nr. 47 und 48 betreffen Kirche und Friedhof. Die Nr. 49 fehlt.

In der Lohe folgen dann die Hausnummern 50 bis 127, es sind alles Herbergen und Kleinhäuser.

Eine Ausnahme sind folgende Hausnummern:

65 Wohnhaus mit Garten und 9,55 Tagwerk Wiesen, nach seinem Besitzer Oberhofer Garten, später auch Manhart Schlössl genannt
66 Wohnhaus mit Garten und 7,08 Tagwerk Wiesen, ursprünglich Seminargarten eines Erholungsheims des Jesuitenordens, beide an der heutigen Pilgersheimer Straße zwischen Kühbach- und Jamnitzerstraße gelegen, später beliebte Ausflugswirtschaften
70 Sölde mit 4,37 Tagwerk Grund, Am Mühlbach 1
76 Sölde mit 5,68 Tagwerk Grund, an der Kupferhammerstraße
87 Sölde mit 9 Tagwerk Grund, Am Mühlbach 3
99 Sölde mit Herberge und Stall und 3 Tagwerk Grund, Lohstraße 17

In die Chronik mitaufgenommen wurden die Hausnummern:

67 Schloss Birkenleiten
68 Papiermühle, spätere Kraemermühle
69 Sitz Pilgersheim, Lederfabrik
90 Loher Wirt
127 Schrafnagelmühle, spätere Bäckermühle

Ergänzt wird die Zusammenstellung um landwirtschaftliche Anwesen, die im 19. Jahrhundert entstanden sind, darunter die Nummern 128 bis 131 (Häuserverzeichnis von 1836) und um die Güter in Harlaching.

Heinz Haftmann   *Giesing, im April 2013*

Die Häuser Obergiesings

Wirt zu Giesing

Haus Nr. 1, später Tegernseer Landstraße 17, dann Tegernseer Landstraße 116, heute Tegernseer Landstraße 112

Wirtschaft »Zum letzten Pfenning«, Zeichnung von 1883.

Die Wirtschaft »Zum letzten Pfenning«, ursprünglich ein Bauernhof, ist im Besitz des Klosters Beuerberg. Die Wirtsgerechtigkeit wird um 1770 vom Altwirt (Haus Nr. 16) auf diesen Hof übertragen.

1303	Conrad von Baierbrunn hat das Vogtrecht auf dem Peyrberg Hof zu Obergiesing.
21.11.1464	Kunz (Konrad) Angstwurm stiftet dem Probst des Klosters 2 Scheffel Roggen, 1 Scheffel Gerste, 2 Scheffel Hafer, zum Küchendienst 50 Eier, 2 Hühner, 60 Pfennig Wiesgilt und 24 Pfennig Stiftgilt.
21.12.1465	Sein Nachfolger, Chunrat Reyschl, erhält für drei Jahre den Hof. Seine Abgaben soll er auf den »Kasten« des Klosters zu München bringen.
1535	Am »Erchtag [Dienstag] S. Matthäus Evangelist« verkauft Heronimus Auer zu Odelzhausen das Vogteirecht am Peirberg Gut zu Giesing an den Probst Lienhart des Klosters für 3 Gulden Rheinisch.
7.3.1646	Michael Finckh von Obergiesing veräußert seinen bisher freistiftsweise innegehabten zum Gotteshaus vom Kloster Beuerberg eigentümlich ge-

Wirt zu Giesing

hörigen Hof zu Giesing mit allem Zubehör für 40 Gulden an den ehrbaren Hans Schmaderer, Wirt vom gesagten Giesing (Altwirt, Wirtstaferne zum Grafen Törring Seefeld grundbar).

1671 Im Bodenzinsregister ist Hanns Schmaderer mit 24 Joch und 3 Rössern aufgeführt. Es ist einer der größten Höfe in Obergiesing. Dazu kommt noch das Lehen der Grafen Seefeld mit 8 Joch und 2 Rössern.

23.3.1694 Gemäß eines Tauschvertrags hat ein Nachkomme, Balthasar Schmaderer, das Leibgeding.

1698 Für Balthasar Schmaderer und seine Ehewirtin sind als Gilt 3 Schilling, 3 Kreuzer, 3 Gulden angesetzt und 1 Scheffel Roggen, 1 Scheffel Gerste, 2 Scheffel Hafer, 50 Eier, 3 Hühner und 1 Gans.

27.2.1724 Nächtens zwischen 11 und 12 Uhr verstirbt Balthasar Schmaderer, »gewester« Wirt zu Obergiesing. Er hinterlässt eine bereits verheiratete Tochter und sieben weitere Kinder.

11.10.1727 Die Witwe Theresia übergibt den auf 3100 Gulden geschätzten Beuerberger Hof, das Altwirtanwesen und zwei eigene Kräuteräcker an ihren Sohn Johannes.

27.6.1734 Hans Schmäder, Wirt zu Giesing, heiratet Theresia Schweighart. Den beiden werden sechs Kinder geboren.

29.7.1748 Nach dem frühen Tod seiner Frau Theresia heiratet der Witwer Maria Doeringer aus Harlaching.

13.2.1769 Maria wird Witwe und übergibt beide Anwesen an ihren Stiefsohn Franz (*9.7.1735).

3.6.1769 Franz Schmäder heiratet Maria Holzer von Untergiesing. Sie bekommen sechs Kinder, von denen aber jedes innerhalb eines Jahres nach der Geburt stirbt.

11.9.1776 Bei der Geburt des vierten Kindes wird im Matrikelbuch beim Vater Franz Schmäder als Berufsangabe »quondam hospitis«, gewesener Wirt, vermerkt. Bereits im Januar des gleichen Jahres steht im Matrikelbuch bei der Geburt des Sohns Sigismund von Joseph Schneider und seiner Ehefrau Apollonia Humel der Zusatz »Wirt zu Giesing«. Die Übernahme der Wirtsgerechtigkeit durch Schneider von Schmäder ist aus den Briefprotokollen jedoch nicht erschließbar.

12.4.1779 Franz Schmäder »gewester Wirt zu Giesing«, verkauft den zum Kloster Beuerberg gehörenden Hof zu Obergiesing, zu dem kein Haus gehört, also nur die Grundstücke, an den Inhaber der Schobinger Mühle ob der Au, Kajetan Spiegler, für 300 Gulden. Damit erlischt das selbstständige landwirtschaftliche Anwesen des Beuerberger Hofs in Giesing.

23.1.1783 Kajetan Spiegler, Stadtmüller zu München, verkauft aus den inzwischen aufgeteilten Grundstücken des Beuerberger Hofs einen Dreivierteilanteil weiter an Joseph Schneider.

9.10.1783 Joseph Schneider, Wirt zu Giesing, erwirbt von Johann Michael Huber den Dreivierteilteil der Grundstücke des sogenannten Lambacher Hofs.
Der Lambacher Hof liegt in Obergiesing und ist einer der beiden Höfe, die 1574 nach der statistischen Beschreibung des Landgerichts Wolfratshausen im Besitz der Landesherrn, der bayerischen Herzöge, waren und 1579 von Herzog Albrecht V. als Stiftung an die neue Kapelle auf dem Gottesacker vor der Stadt übertragen werden. Der zweite Hof ist der Spitzer (Haus Nr. 34). Der Lambacher wird 1679 vom Kloster der Paulaner in der Au erworben, die eigentlich nur ein Grundstück für den Bau eines Lagerkellers für das Fassbier benötigen, aber den ganzen Hof dafür kaufen müssen (Entstehung des »Salvatorkellers«).
Die anderen Grundstücke dieses Lambacher Hofs (Herzog Albrechtsches Benefizium) werden unter der späteren Haus Nr. 1 und Nr. 40 zum neuen Besitz bei der Gastwirtschaft zusammengefasst.

31.3.1788 Joseph Schneider trennt sich wieder von den ehemaligen Beuerberger Grundstücken und veräußert sie für 400 Gulden an einen Wirt in der Au, Wolfgang Seitz.

27.9.1792 Im Matrikelbuch ist als Sterbeort eines ankommenden Pilgers namens Michael »beym letzten Pfenning« vermerkt – die erste Erwähnung des neuen Wirtshausnamens.

21.4.1796 Joseph Schneider, Tafernwirt zu Obergiesing, und seine »Ehewirtin« Apollonia protokollieren den Verkauf der zur Herrschaft Seefeld lehenbare Wirtstaferne und des Lambacher Hofanteils an einen Metzger in München für 12 320 Gulden. Der Verkauf kommt aber letztendlich nicht zustande.

1.12.1797 Im zweiten Versuch erwirbt Alois Bauer, lediger Wirtssohn aus Schwabing, und seine angehende Ehewirtin Antonia Fuhrmann, Posthalterstochter von Garching, die Wirtschaft und die Grundstücke um 11 306 Gulden.

7.12.1797 Alois (*16.1.1772) heiratet Antonie (*1780). In rascher Folge kommen elf Kinder zur Welt, aber vier sterben bereits als Kleinkinder.

Wirt zu Giesing

Tochter Josepha (*16.1.1808) heiratet am 25.5.1832 Heinrich Brummer, den Besitzer des gleichnamigen Hofs (Haus Nr. 130). Nach ihrem schnellen Tod 1833 nimmt Heinrich Brummer 1834 ihre Schwester Antonie (*4.8.1812) zu seiner zweiten Frau.

3.9.1802 Alois Bauer vergrößert den Besitz durch Ankauf von 53 Tagwerk Holzwiesen für 3500 Gulden und weiteren 15 Tagwerk Grünwalder Forstwiesen (10.3.1803).

1812 Im Kataster wird die Besitzgröße des Anwesens mit 105,38 Tagwerk angegeben.

12.7.1836 Alois Bauer und seine Ehefrau Antonie übergeben das Haus Nr. 1 mit Stallungen, Städel, Wagenremise, Fasshütte, Keller, Metzgerbank, 48 Tagwerk Acker und Wiesen, 54 Tagwerk Waldung und die Taferngerechtigkeit sowie die Nebengebäude Haus Nr. 40 mit Wohnung und Stallung an ihre jüngste 20-jährige Tochter Walburga.

1.8.1836 Walburga (*18.1.1816) heiratet Johann Kaspar Michael Niederbuchner (*28.2.1813), einen Wirtssohn aus Traunstein.

22.2.1839 Alois Bauer, Austragler »zum letzten Pfenning«, verstirbt mit 67 Jahren, seine Witwe Antonie fünf Jahre später mit 72 Jahren.

12.10.1843 Mit 30 Jahren stirbt Michael Niederbuchner. Die Witwe erhält den auf 20 350 Gulden geschätzten Besitz. Für die vier ehelichen Kinder Katharina, Walburga, Antonie und Michael werden je 2000 Gulden Vatergut, für den unehelichen Sohn von Michael Niederbuchner, Franz, 500 Gulden Vatergut angesetzt.

8.5.1844 Die Witwe geht eine neue Ehe mit Franz Ignatz Schleinkofer (*21.2.1819) ein, einem bürgerlichen Brauerssohn aus Ergoldsbach bei Landshut. Den beiden werden neun Kinder geboren. Vier sterben jedoch schon im Kleinkindalter. Die Tochter Katharina (*14.4.1837) aus der ersten Ehe von Walburga heiratet am 4.5.1854 Georg Fenk, einen Tafernwirt aus Ismaning.
Zwei seiner bildhübschen, viel umworbenen Töchter gehen zum allgemeinen Erstaunen ins Kloster, die eine zu den Franziskanerinnen in Assisi, die andere zu den Armen Schulschwestern ins Münchner Angerkloster.

7.8.1862 Für 67 000 Gulden erwirbt das Metzgermeistersehepaar Daniel und Maria Nagel das 124 Tagwerk große Anwesen.
Durch Zukäufe wird die Nutzfläche der landwirtschaftlichen Ökonomie auf 173 Tagwerk vergrößert.

Um 1873 eröffnet Daniel Nagel in der Tegernseer Landstraße 107 eine eigene Metzgerei.

Die Tochter Maria Pfeiffer (*8.12.1853) aus der ersten Ehe von Maria Nagel heiratet am 10.11.1874 Georg Pauly vom Ostermayerhof (Haus Nr. 13).

5.5.1875 Der gesamte landwirtschaftliche Besitz und der Gastwirtschaftsbetrieb werden für 85 700 Gulden an den Bankagenten Gerhard Karl und an den Kaufmann Johann Nepomuk Mayr veräußert.

11.9.1875 Karl übernimmt für 62 000 Gulden auch den Anteil seines Partners Mayr. Es ist auch in Giesing der Beginn der großen Grund- und Bauspekulation.
119 Tagwerk landwirtschaftlicher Gründe beim Harlachinger Mühlweg werden noch 1875 vom Wirtschaftsanwesen abgetrennt.
1876 wird das Geländeviert gegenüber der Gaststätte zwischen Tegernseer Landstraße, Wirt- und Raintalerstraße mit 7 Tagwerk in 42 Bauparzellen aufgeteilt.

16.8.1876 Der Wirt Paul Meyer erwirbt den Gastwirtschaftsbetrieb und die verbleibenden Grundstücke für 100 000 Mark.

12.12.1876 Verkauf weiterer Grundstücke, unter anderem 7 Tagwerk an den Besitzer des Schrannenbauernhofs, Haus Nr. 15, Johann Breitweg.
Nach dem Verkauf von nochmals 32 Tagwerk im Jahre 1877 wird der landwirtschaftliche Betrieb aufgelöst. Der Restbesitz mit 4,4 Tagwerk ist im Grundstückskataster wie folgt beschrieben: Wohnhaus mit gewölbten Keller, Pferde- und Kuhstallung, Branntweinbrennhaus, Schlachthaus und gedeckte Kegelbahn.

20.6.1877 Der Handelsmann Johann Bermüller kauft für 44 571 Mark diesen Besitz.

2.8.1877 Weiterveräußerung für 47 828 Mark an die Geschwister Anna, Maria und Julia Rieger.

18.10.1877 Käufer wird der Gastwirt Michael Kienader durch Tausch mit dem Anwesen Tegernseer Landstraße 192.
Als Pächter der Gaststätte sind 1877 Johann Rank und 1878 Sebastian Babel bekannt.

21.3.1879 Bierbrauersgattin Walburga Hierl erwirbt das Anwesen für 35 899 Mark und führt die Wirtschaft selbst.

26.5.1883 Auch die nächsten Käufer, die Wirtsleute Genoveva und Johann Mayer, übernehmen die Gaststätte in eigener Regie. Als Kaufpreis zahlen sie 45 000 Mark.

18.4.1887	Das gleiche gilt für die Schankwirtseheleute Friedrich und Helena Endres, die für 52 800 Mark die Besitzer werden.
28.8.1889	Metzger Otto Gerstmaier kauft um 77 500 Mark das Wohnhaus mit den Gastwirtschaftlokalitäten.
2.10.1889	Otto Gerstmaier heiratet Therese Fritzmaier, eine Ökonomentochter aus Harthausen, die Miteigentümerin wird. Es beginnt eine langjährige Bewirtschaftung durch diese Familie. Nach dem frühen Tod von Therese 1909 übernimmt Otto bis 1920 den Betrieb alleine.
14.11.1920	Holzgroßhändler Freyer zahlt 160 000 Mark für das Gastwirtschaftsanwesen.
9.8.1923	Neuer Eigentümer wird der Landwirt und Kaufmann Lorenz Eberle aus Bad Aibling. Durch einen Brand werden 1924 die Wirtschaftsgebäude zerstört.
30.1.1925	Das Grundstück wird von der Gabriel und Joseph Sedlmayer Spaten Franziskaner Leistbräu Gesellschaft erworben. Neben der Gaststätte entsteht beim Wiederaufbau auch ein Café mit Konditorei. Pächter der Gaststätte sind bis 1932 Lorenz Kleinmaier, dann Michael Leichmann und ab 1940 Joseph Specht. Das gesamte Gebäude wird 1943 durch Bombeneinwirkung total zerstört.
5.9.1962	Verkauf des Ruinengrundstücks mit einer Restfläche von 0,1360 Hektar an die Stadt München zur Verbreiterung der Tegernseer Landstraße.

Grafenbauer

Haus Nr. 1 (ab 1837), später Tegernseer Landstraße 14, dann Tegernseer Landstraße 132, heute Tegernseer Landstraße 138

»Oekonomiehof des Franz Knoll in München-Giesing«, um 1887.

Das Anwesen ist erst im 19. Jahrhundert als Oswaldhof entstanden. Alle Grundstücke gehören ursprünglich zum Besitz der Schrafnagelmühle in der Lohe (siehe Haus Nr. 127). Der Hofmüllersohn Sebastian Oswald hat 1822 für 21 600 Gulden die Mühle und den dazugehörigen gesamten Grundbesitz erworben.

29.9.1837 Sebastian Oswald (*15.2.1792) veräußert die Mühle mit dem notwendigen Betriebsgelände für 39 000 Gulden an den Freiherrn Arnold von Eichthal. Die Äcker und Wiesen in Obergiesing bleiben in seinem Besitz. Er baut an der »Chaussee nach Tölz« ein Wohnhaus mit den entsprechenden Nebengebäuden. Er ist seit 1823 mit der Aiblinger Bauerntochter Therese Duschl (*9.7.1802) verheiratet. Noch in der Schrafnagelmühle werden neun Kinder geboren, von denen drei kurz nach der Geburt sterben. Auf dem Oswaldhof kommen nochmals sechs Kinder zur Welt, zwei davon sterben.

Grafenbauer

7.9.1849 Der Ökonom Sebastian Oswald verkauft das Anwesen mit Wohnhaus, Nebengebäuden, Hofraum und 53 Tagwerk Acker und Wiesen für 32 460 Gulden an die Gräfin Amalie von Taufkirchen-Lichtenau, geborene Freiin von Gumppenberg.
Weitere Äcker und Wiesen mit 28 Tagwerk behält er als Eigentum. Als zusätzlicher Beruf ist seit 1846 Weinwirt vermerkt. Das spätere Schicksal der Familie Oswald ist nicht bekannt.
Nach der neuen Eigentümerin erhält das Anwesen den Hausnamen »Grafenbauer«.

18.3.1850 Mit 44 Jahren verstirbt die Gräfin, die laut Matrikelbuch als Gutsbesitzerin mit ihrer Familie im Haus Nr. 1 gewohnt hat.
Erben werden ihr Ehemann Eduard und die Kinder Max, Wilhelm und Franziska. Eine Tochter Wilhelmina ist mit fünf Jahren kurz nach ihrer Mutter verstorben.

3.1.1854 Der Graf von Taufkirchen vergrößert den Hof durch Ankauf von 12 Tagwerk Acker für 1400 Gulden aus dem Warthof.

15.8.1859 Anton Max Ferdinand Eduard Graf von Taufkirchen-Lichtenau (*24.11.1803) heiratet in Regensburg die Witwe Maria Karolina Elisabeth von Guggenberger, geborene Freiin von Gugler (*14.7.1804).

20.10.1862 Graf Eduard, Gutsbesitzer auf Tegernseer Landstraße 14, stirbt mit 57 Jahren.

22.7.1863 Die Nachkommen Max, Wilhelm und Franziska Grafen von Taufkirchen verkaufen den Gutshof um 48 000 Gulden an Joseph und Juliana Sauer. Im Matrikelbuch ist am 26.2.1865 der Tod des 36-jährigen Ökonomen Joseph Sauer vermerkt.

3.8.1864 Schon vorher ist das Anwesen für 50 000 Gulden an Sebastian Igl, Gutsbesitzer von Kaltenberg, weiterverkauft worden.

5.9.1864 Das Gut wird zum Spekulationsobjekt. Der Privatier Matthias Wagner aus Augsburg erwirbt es um 40 000 Gulden.

12.9.1867 Durch Versteigerung geht das Anwesen für 30 000 Gulden an den Augsburger Fabrikbesitzer Johann Haag. Dieser betreibt die Landwirtschaft mit Verwaltern (Baumeistern), die auf dem Hof wohnen.

3.2.1886 Der Hauserbauer Franz Knoll (Haus Nr. 31) und der Ostermayerbauer Ferdinand Niedermaier (Haus Nr. 13) erwerben das 23 Hektar große landwirtschaftliche Anwesen für 80 000 Mark.

14.2.1887 Sohn Franz Knoll (*29.3.1863) heiratet Walburga Niedermaier (*4.2.1869), die Tochter von Ferdinand Niedermaier, und sie übernehmen von ihren Vätern die Hofanteile.
Die Familienchronik zählt zwischen 1887 und 1905 zehn Kinder.

1937 Die beiden können ihre Goldene Hochzeit feiern. Die landwirtschaftlichen Flächen werden laufend als Bauplätze verkauft beziehungsweise zur Kies- und Sandgewinnung ausgebeutet. Nur noch eine Restfläche von 3 Hektar gehört zum ehemaligen Hof.
Nach dem Tod von Walburga († 28.2.1940) und Franz († 28.7.1949) wird eine Erbengemeinschaft Eigentümer des kriegszerstörten Besitzes, die ab 1951 die restlichen Baugrundstücke veräußert beziehungsweise aufgrund von Erbauseinandersetzung aufteilt. Auf dem Hofgelände entsteht 2002 ein Bürohaus und Wohnungen.

Apothekenhammerl
Haus Nr. 2, heute Wirtstraße 8–12

Auf dem 0,17 Tagwerk großen Grundstück, das leibrechtig zum Königlichen Rentamt gehört, steht ein Haus mit drei Herbergen.

Stephlingartl
Haus Nr. 3, heute Wirtstraße 8–12

Das Haus ist erbrechtig zum Heilig-Geist-Spital in München. Der Besitz mit 2,75 Tagwerk einschließlich einer Waldung gehört dem Gärtner Jakob Jaud.

Rechenmacher

Haus Nr. 4, heute Wirtstraße 8–12

Das Rechenmacherhaus um 1960.

1811 Das Anwesen mit 3,88 Tagwerk Acker und Waldung ist im Eigentum des Rechenmachers Peter Kempfer (siehe dazu auch Haus Nr. 5, ab 1811).

Schatzl

(früher Herbsthof)

Haus Nr. 5, später Wirtstraße 8, heute circa bei Wirtsstraße 6

23.12.1418 Das St. Klara-Kloster auf dem Anger zu München kauft von dem Münchner Bürger und Tuchhändler Hans Pirmeyder und seiner Ehefrau Elsbeth eine Reihe von Höfen und Besitzungen in Ober- und Niedergiesing, davon einen mit einem dabei liegenden Garten, auf welchen der Herbstel sitzt. Dieser wird damit der Namensgeber für den ursprünglichen Hofnamen.

1455 Hans Walther sitzt auf dem Herbsthof zu Obergiesing.

1472 Balthasar Schoendler sitzt auf dem 32½ Tagwerk großen Hof und reicht dem Kloster ½ Pfund Pfennig, 12 Pfennig Gilt, 100 Eier, 8 Hühner, 2 Gänse und ein Drittel vom Getreide.

27.2.1507 Die Äbtissin des Angerklosters, Katharina Adelmannin, erteilt das Lehensrevers für den Herbsthof an Hanns Lindmair, den davor Martin Lindmair, vermutlich der Vater des Hanns, innehatte. Er hat den dritten Teil des Getreides oder eine jeweils »nach der Beschau« zu vereinbarende Menge Getreides nach München auf den dortigen Kasten zu entrichten, ferner 4 Pfennig Wiesgilt, 12 Pfennig Stiftgilt, 2 Gänse, 8 Hühner und 100 Eier. Zur Sicherung seiner Verpflichtungen setzt er als Bürgen Martin Lindmair, »welcher vorher auf dem Hof gesessen«.

18.10.1516 Michael (oder Melchior) Egkhart übernimmt ebenfalls von der Äbtissin Katharina Adelmannin mit den gleichen Verpflichtungen den Herbsthof als bloße Freystift.

1.8.1539 Arsacius Prielmair bestätigt der Äbtissin Regina Ligsalzin den Erhalt des Herbsthofs und entrichtet die gleiche Gilt.

1566 Für Arsacius Prielmair wird die Gilt gesteigert: 1 Gulden Wiesgilt, 28 Pfennig Stiftgilt, 100 Eier, 8 Hühner, 2 Gänse, ½ Scheffel Weizen, 1 Scheffel Korn, 1 Scheffel Gerste, 2 Scheffel Haber.

8.11.1606 Die Witwe Margarethe von Achatius Prielmayr übergibt ihren Besitz in Obergiesing ihrem ehelichen Sohn Zacharias und seiner Hausfrau Anna. Es ist möglich, dass die Familie Prielmayr (oder Prielmiller) 1651 auf das

Schatzl

Metzgeranwesen (Haus Nr. 43) wechselt und später 1671 auf den Zehentbauernhof (Haus Nr. 21).

1647 Simon Sailler und sein Eheweib Christina erhalten das Leibrecht für 80 Gulden.

1675 Simon Sailler erwirbt für seinen Sohn Hans das Leibrecht für 80 Gulden.

1695 Hans Sailler erhandelt für sich und sein Eheweib Agatha das Leibrecht.

10.1.1702 Beide verkaufen den Hof für 1450 Gulden an Hans Georg Jocher, Müller auf der Riegermühle zu Niedergiesing (bei der Falkenstraße), und zahlen an den Grundherrn 36 Gulden 15 Kreuzer für Abfahrt (Abzug vom Hof) und der neue Besitzer 72 Gulden 30 Kreuzer für Anfahrt (Einzug auf dem Hof).

1708 Die Eheleute Jocher müssen 1700 Gulden Schulden aufnehmen zur Neuaufrichtung ihres Bauernhofs zu Obergiesing (Zerstörung vermutlich im spanischen Erbfolgekrieg durch die österreichische Besatzung).

9.10.1710 Augustin Ostermayr, Bürger und Bierbräu zu München, einer der Gläubiger, ersteigert das sogenannte Schatzlgut (erstmalige Nennung des neuen Hausnamens) für 2000 Gulden. Die Familie besitzt zu dieser Zeit auch den Sattlerhof (Haus Nr. 17) und den Lerchenhof (Haus Nr. 37).

16.7.1744 Nach dem Tod von Augustin Ostermayr wird seine Witwe Elisabeth und ihr zweiter Ehemann Franz Xaver Mair, Metzger und Bierbräu, Eigentümer des Hofs.

7.4.1753 Johann Baptist von Hofstetten, churfürstlicher Hofkammersekretär, zahlt die »Laudemien«(Anfahrt).

15.12.1766 Johann Baptist von Hofstetten verkauft für 1200 Gulden seinen zum Angerkloster gehörigen ganzen Hof an Johann Georg Weiss, bürgerlicher Melber (Mehlhandler) zu München und Inhaber der sogenannten Spießmühle in der Au (an der Ohlmüllerstraße).

19.10.1787 Johann Georg Weiss übergibt den Hof an seine Tochter Maria Anna und deren Ehemann Michael Wagenmüller, nunmehriger Spießmüller.

8.10.1799 Die Schatzlhofbesitzer teilen das Anwesen.

24.10.1799 Michael Wagenmüller und seine Frau veräußern für 2500 Gulden das Haus, den Stall, die Stallung und die Hälfte aller Felder und Wiesengründe an den ehemaligen Hoffischer zu Obergiesing (Haus Nr. 26) Joseph Gebhard und dessen Ehefrau Anna Maria.

Schatzl

7.2.1800 Die Eheleute Gebhard vertauschen den halben Schatzlhof mit Gebäuden an Joseph Neumayr, der den Besitz weiter teilt und verkauft oder versteigert. Landwirtschaft wird von diesem Anwesen aus nicht mehr betrieben.

5.10.1801 Das »Zuhäusl« ist noch im Eigentum der Eheleute Gebhard, die es ebenfalls aufteilen und eine »separierte« Wohnung mit Stube, Kammer, Küche und eine Stallung um 250 Gulden an Johann Berghofer verkaufen. Der Schuhmacher Georg Aschold erwirbt für 222 Gulden auch eine Herberge im Zubauhäusl. Benno Frank und Stephan Lindner werden ebenfalls Herbergsbesitzer. Der Zubau des Schätzl mit nunmehr vier Herbergen erhält die Hausnummer 6.

19.10.1802 Hofspitalkaplan Johann Niklas Mayr ist Eigentümer eines Achtelhofs beim Schatzl. Der Besitzübergang auf ihn ist nicht bekannt, vermutlich aus Versteigerungen vom Neumayr. Mayr veräußert seinen Teil am Schatzl an den gewesenen Klosterrichter von Seeon Franz Xaver Anton Carron du Val um 1622 Gulden.

15.9.1804 Du Val verkauft den Schatzlhofanteil für 2322 Gulden an den Hofkammerrat Joseph von Beckert und seine Gemahlin Josepha, geborene von Buzorini.

7.4.1807 Die Ehegatten von Beckert verkaufen eine Hälfte des Anwesens an Johann Baptist Ritter und Edler von Stubenrauch und dessen zukünftige Gemahlin Magdalena, verwitwete von Kühbach, um 8000 Gulden.

21.11.1810 Die Witwe Josepha von Beckert überlässt für 3000 Gulden das Haus mit Garten und Anger der Gemeinde Obergiesing als Wohnung für den Expositus und als Schulhaus.

29.11.1811 Das Schulhaus fällt einem Brandunglück zum Opfer. Die Brandstätte ersteigert 1813 der Rechenmacher Peter Kempfer. Das von ihm darauf errichtete Häusl erhält die Hausnummer 4 (beim Rechenmacher).

1812 Im Kataster sind unter der Nr. 5 nur noch 18 Tagwerk Ackerflächen aufgeführt, ein Gebäude gehört nicht zu den Grundstücken. Eigentümer ist der Wirt Georg Hagn. Er erwirbt vermutlich die bei Wagenmüller verbliebenen anderen Hälfte der Grundstücke des Schatzl. Hagn und später sein Sohn Joseph verkaufen die Ackerflächen nach und nach, die letzten Flächen 1844.

Schatzlhaber

Haus Nr. 6, Wirtstraße 6, heute Wirtstraße 2a

    1801   Haus mit vier Herbergen. Zur Entstehungsgeschichte siehe Haus Nr. 5. Aufteilung des »Zubauhäusls« um 1801.

            Das kleine Haus an der Wirtstraße 2a steht heute auf dem Platz dieser Herberge.

Schusterpeter
Haus Nr. 7, später Bergstraße 24, heute Wirtstraße 1 / Ecke Bergstraße 15

Beim Schusterpeter, rechts im Hintergrund die »Bergbrauerei«, um 1900.

1671 Im Steuerbuch ist Georg Sailer als Besitzer mit einem »Kühlein« einer bloßen Sölde genannt, die freistiftig zum Gottesacker vor dem Sendlinger Tor ist (vgl. auch Haus Nr. 34, Herzog Albrechtisches Benefizium zum äußeren Gottesacker in München).

1711 Peter Grienwald, Schuster zu Obergiesing, ist Inhaber der Sölde und somit Namensgeber für den Hausnamen.

1812 Auf dem Grund steht ein Haus mit sieben Herbergen.

Hochhauser

(auch beim Vogl oder Fock, später beim Pentenrieder)

Haus Nr. 8, später Wirtstraße 8, heute Grünfläche neben Wirtstraße 2a

Pentenriederherbergshaus, abgebrochen 1939. Links hinten der Schatzlhaber, Haus Nr. 6.

1671 Im Bodenzinsregister ist Hans Aichlmayr als Besitzer des Lehens mit 4 Joch Acker und einem Ross eingetragen. Grundherr ist die Hofmark Eurasburg, die im Besitz verschiedener Freiherrn ist, ab 1773 die Grafen von Lerchenfeld, welche die Hofmark an den Baron von Gumppenberg vererben, dann Herr von Barth.

19.10.1787 Michael Wagenmüller, Spiesmüller in der Au, ehemals Ohlmüllerstraße 44, erhält von seinem Schwiegervater Georg Weiss neben anderem Besitz auch das nach Eurasburg lehnbare Viertlgütl, Hochhauser genannt.

Hochhauser

25.10.1790 Der Gärtner Anton Häusler in München kauft für 650 Gulden vom Müller Michael Wagenmüller das Spiesmüllerische Viertlhöfl mit Genehmigung durch die Gumppenbergsche Hofmark zu Eurasburg.

14.8.1793 Ein Schuldbrief über 200 Gulden nennt Thomas Vogt (auch Fock), einen ehemaligen Milchmann in der Au, als den angehenden Besitzer des sogenannten Hochhauses zu Obergiesing, der zum hochfreiherrlichen Gumppenbergschen Eurasburg lehnbar gehörig ist.

13.10.1797 Thomas und Viktoria Vogt übergeben das auf 1000 Gulden geschätzte Hochhaus an ihren Sohn Michael (*1770) und dessen Frau Apollonia.

4.11.1799 Michael Vogt erwirbt für 555 Gulden Ackergründe aus dem Küchlmayrhof (Haus Nr. 43). Der Besitz umfasst nun 28 Tagwerk.

3.9.1803 Das offensichtlich große Gebäude des Hochhausers wird aufgeteilt. Michael und Apollonia verkaufen je einen Anteil an Konrad Dobmayr, an Michael Aumann und an Johann Zimmermann als Herbergsbesitz.
Zum Herbergsbesitz gehören auch die ursprünglichen Ackergründe mit 29,29 Tagwerk. Die Äcker aus dem Küchlmayrhof bleiben jedoch im Alleineigentum von Michael Vogt, der selbst nicht mehr im Anwesen wohnt.
Die Eltern von Michael bewohnen die vierte Herberge.

6.5.1811 Sohn Thomas erhält diese Herberge im Hochhaus von seinen Eltern.

13.5.1811 Thomas Vogt heiratet Katharina Bockmayr (*10.11.1788) vom Zehentbauern in Ramersdorf.

23.6.1813 Thomas Vogt verkauft seinen bei dem Hochhaus befindlichen Pferdestall für 140 Gulden an Vitus Pollwein zur Erbauung einer Wohnung.

21.10.1813 Der Vater Thomas Vogt stirbt mit 68 Jahren.

4.8.1817 Für 300 Gulden verkauft Thomas eine weitere Herberge an Joseph Mittermayr.

11.7.1818 Die Mutter Viktoria stirbt mit 70 Jahren.

7.1.1820 Thomas erhält vom Bruder seiner Frau das Heiratsgut mit 500 Gulden ausbezahlt.

16.10.1820 Mit 28 Jahren wird Thomas zu Grabe getragen.

26.11.1820 Seine Witwe Katharina heiratet den Bauernsohn Johann Kinader (*8.5.1785) von Sulzemoos im Landgericht Dachau.

Aus der ersten Ehe sind die Kinder Agatha mit neun, Katharina mit sieben und Theresia mit drei Jahren hervorgegangen. Vier Söhne sind im Kleinkindalter verstorben.

25.11.1829 Nach dem Tod des zweiten Mannes, Johann Kinader, heiratet Katharina den Gütler Johann Baptist Pentenrieder (*12.3.1802).

1836 Bei der Hausnummerierung besteht das Anwesen inzwischen aus acht Herbergen.

2.3.1841 Johann und Katharina Pentenrieder übergeben ihren Besitz an die Töchter Agatha Vogt (sie erhält 4 Dezimal Grund und heiratet einen Joseph Fuchs) und Katharina (sie erhält ebenfalls 4 Dezimal Grund und heiratet Martin Karl).

1856 Bei der Straßenbenennung sind auf dem Anwesen Wirtstraße 8 nun zehn Herbergen vermerkt.

11.11.1857 Die Ökonomengattin Katharina Pentenrieder stirbt mit 69 Jahren.

12.11.1858 Nach Ackerverkäufen besteht der Rest des Hochhausergütls noch aus 5 Tagwerk.

29.4.1861 Johann Pentenrieder heiratet Creszenz Schmid (*11.6.1823), eine Schusterstochter aus Feldafing.

25.7.1876 Mit Johann Pentenrieder stirbt der letzte Ökonom des Hochhausergütls. Seine Frau Creszenz folgt im am 30.10.1876. Beide sind am Ostfriedhof begraben.

1939 Das restliche noch bestehende Wohngebäude wird abgebrochen

Greindlhäusl

Haus Nr. 9, heute gegenüber Bergstraße 15 an der Hangkante

Vorne das Herbergshaus beim Greindl, dann die Herberge beim Heß; Abbruch zwischen 1910 und 1915.

Erbrechtig zum Königlichen Rentamt mit drei Herbergen.

Heß am Berg
Haus Nr. 10, heute gegenüber Bergstraße 15 an der Hangkante

Drei Herbergen auf dem Grundstück, das erbrechtig zum Königlichen Rentamt ist.

Bichlmayer

Haus Nr. 11, später Bergstraße 23, heute Bergstraße 15

»Bergbräubierhallen« um 1915. Vorher standen an dieser Stelle der Bichlmayer (Haus Nr. 11) und der Schusterpeter (Haus Nr. 7).

Die Daten für dieses Anwesen sind sehr spärlich.

    1574   Die Kirche in Giesing ist im Besitz eines Sechzehntelgütls (gemeine Sölde).

    1671   Im Steuerbuch hat Peter Sailer das Leibgeding für das Söldenhäusl, das zum Gotteshaus in Giesing grundbar ist.

30.1.1730   Im Matrikelbuch von Heilig Kreuz ist die Geburt von Joseph, Sohn des Vitus Pichlmayr (Bichlmayr), »vilicus« (Lehensmann) in Obergiesing genannt.

	Taufpate ist Johann Schmader, Wirt aus Obergiesing. Wegen der Nachbarschaft des Taufpaten darf angenommen werden, dass Vitus Pichlmayr auf dem später nach ihm benannten Gütl das Lehen hatte. Weitere Besitzerangaben liegen erst wieder ab 1800 vor.
um 1800	Ignatz Heim (*1767), Söldner und Steinführer, verheiratet seit 30.6.1799 mit Ursula Scharf (*1765), ist Eigentümer des Anwesens Nr. 11, das wegen des Vornamens des Besitzers auch »zum Bichlnatzi« heißt. Der überwiegende Teil der Äcker des insgesamt 15,75 Tagwerk großen Hofs ist im Eigenbesitz.
15.2.1828	Ignatz und Ursula Heim übergeben ihr Viertel-Bichlmayer-Gütl an ihre Tochter Apollonia (*1.6.1805). Sie ist die einzige Überlebende von fünf Kindern.
14.4.1828	Apollonia heiratet Michael Biechl (*17.7.1801) aus dem Gschwendnergütl Haus Nr. 23. Den beiden werden acht Kinder geboren, von denen drei bereits kurz nach der Geburt sterben. Die landwirtschaftlichen Flächen betragen nun 22,73 Tagwerk.
21.12.1833	Ignatz Heim verstirbt.
5.1.1838	Ursula Heim wird zu Grabe getragen.
16.6.1852	Die Ökonomengattin Apollonia stirbt. Michael Biechl wird Alleinerbe. Als Muttergut erhalten die fünf Kinder Maria (*21.12.1829), Joseph (*25.10.1832), Michael (*17.1.1834), Theres (*13.2.1836) und Anna (*21.6.1839) 2500 Gulden.
22.7.1861	Die Tochter Theres heiratet den zukünftigen Erben des Hauserbauernhofs Franz Knoll (Haus Nr. 31).
26.8.1861	Joseph Biechl (*15.10.1832) übernimmt von seinem Vater Michael das Wohnhaus mit Stadel und Stallung mit inzwischen nur noch 13 Tagwerk (= 4,5 Hektar Grund).
15.10.1861	Joseph Biechl heiratet die Bauerntochter Katharina Obermayr (*23.9.1836) aus Putzbrunn.
19.1.1897	Verkauf des Anwesens an Simon Graf, Ziegeleibesitzer in Berg am Laim, für 36 000 Mark. Die übrigen landwirtschaftlichen Grundstücke mit 4,4 Hektar verbleiben im Eigentum der Biechls.
19.1.1897	Simon Graf verkauft am gleichen Tag das Gebäude für 50 000 Mark an die Nachbarn, die Brüder Zacharias und Johannes Henninger an der Bergstraße 20 und Wirtstraße 16 und 17.

Bichlmayer

30.1.1897 Joseph und Katharina Biechl erwerben das Haus Zehentbauernstraße 1 (Haus Nr. 15) und übertragen ihre Grundstücke auf dieses Anwesen.

1897 Die Gebrüder Henninger lassen das Haus abreißen und die Baufläche wird mit den Grundstücken Wirtstraße 16 und 17 vereinigt. Darauf werden später die »Bergbräu Bierhallen« an der heutigen Bergstraße 15 errichtet (siehe dazu auch Michlbauer, Haus Nr. 12).

Michlbauer

Haus Nr. 12, später Bergstraße 20, heute zwischen Bergstraße 11 und 15

1574	Ein halber Hof wird als Besitz der Kirche zu Giesing aufgeführt.
1671	Michael Lechner hat das Leibgeding für den zum Gotteshaus Obergiesing grundbaren halben Hof. Er besitzt auf dem 14 Joch großen Hof 2 Rösser.
1705	Nach dem Matrikelbuch der Heilig-Kreuz-Kirche sind Michael, verheiratet mit Sabine Streil, die Bauersleute. Es dürfte sich um den gleichnamigen Sohn des 1671 genannten Michael Lechner handeln, die mit ihren Vornamen vermutlich den Hausnamen des Anwesens bestimmten.
16.12.1723	Nach dem Tod von Michael übergibt die Witwe den Hof an Sohn Georg, der seine Geschwister Peter, Bürger und Bierzäpfler in München, und Klara, verheiratet in der Au, dafür das Vatergut mit 400 Gulden ausbezahlen muss. Georg heiratet zur gleichen Zeit Elisabeth Öttl von Unterhaching.
13.2.1730	Elisabeth verstirbt und hinterlässt dem Witwer drei Kinder: Barbara, fünf Jahre alt, Balthasar, vier Jahre, und Johannes, ein Jahr. Er behält mit »veranlaither Freystift« den halben Hof und heiratet Maria Auracher aus Oberhaching.
25.10.1739	Georg Lechner stirbt und die Witwe hat neben den drei Kindern aus der ersten Ehe des Verstorbenen noch Sebastian mit neun, Niclas, sieben, Elisabeth, fünf und Maria mit einem Vierteljahr zu versorgen, darf den Hof aber weiter nutzen.
30.5.1740	Die Witwe heiratet Udalrich (Ulrich) Derring (Döring).
3.10.1755	Ulrich Döring zahlt an seine Stiefkinder Barbara, Balthasar, Johann, Sebastian und Niclas Lechner das Vatergut von 400 Gulden.
19.2.1766	Maria, verwitwete Halbbäuerin, übergibt den Hof an ihren Sohn Sebastian Lechner, der eine Woche zuvor Maria Hanspaul, eine Taglöhnerstochter aus der Lohe, geheiratet hat. Laut Matrikelbuch war Sebastian 1763 schon als Baumeister auf dem Schallerhof (Haus Nr. 36) tätig.
2.1.1794	Sebastian Lechner (*19.1.1731), Michlbauer, und seine Frau Maria übergeben ihren Hof an die Tochter Theresia (*25.2.1768) und ihren zukünftigen Ehemann Lorenz Wolfram (*um 1768), Bauernsohn aus dem Biechlhof in Perlach.

Michlbauer

Eine weitere Tochter, Maria (*29.6.1769), heiratet 1795 Bartholomäus Glasl, einen Bauern in Feldkirchen.

28.3.1798 Der ehemalige Hofbesitzer Sebastian Lechner stirbt.

3.11.1804 Lorenz Wolfram verkauft sein Anwesen zu Obergiesing an den ehemaligen Pächter der d'allarmischen Schwaige zu Harthausen, Vitus Meßner, und seine Ehefrau Katharina für 2000 Gulden. Zur Finanzierung des Kaufs hat Meßner bei dem Hofbankier Andreas d'Allarmi ein Darlehen in gleicher Höhe aufgenommen. Laut Matrikelbuch stammte Meßner aus der Falkenau und war zuerst mit der Witwe Barbara Steininger, dann mit Katharina Weinbacher verheiratet.

1812 Laut Kataster gehören zum Anwesen 60,31 Tagwerk Äcker und eine Waldung.

3.8.1815 Vitus und Katharina Meßner veräußern ihren halben Hof beim Michlbauer mit einem Viehbestand von 2 Pferden und 7 Stück Hornvieh für 3500 Gulden an den Geheimen Rat Joseph von Utzschneider. Bezahlt wird der Kaufpreis laut Quittung erst am 12.2.1817.

1815–1823 An der Chaussee nach Tölz, heute Tegernseer Landstraße, baut Utzschneider ein neues Ökonomiegut, den Warthof (Haus Nr. 129).
Utzschneider war Hofkammerrat und von 1795 bis 1798 Direktor des churfürstlichen Hauptsalzamts. 1804 begründete er das Optisch-Mathematische Institut mit und war von 1807 bis 1814 verantwortlich für die Durchführung einer Steuerreform im Finanzministerium. Anschließend wurde er Landtagsabgeordneter und von 1818 bis 1823 zweiter Bürgermeister in München. Dem Geist der Aufklärung entsprechend versuchte er, durch den Anbau von Kartoffeln und Zuckerrüben, die Reform der bayerischen Landwirtschaft voranzutreiben. Er erbaute auf dem

Joseph von Utzschneider, Gemälde eines unbekannten Künstlers, um 1820.

Hofgelände die erste Zuckerfabrik in Bayern. Zu diesem Zweck erwarb er 1818 für 500 Gulden auch das dingliche Recht, eine Wasserleitung von den Hangquellen am Fuß des Bergs in der Lohe zu seinem Hof nach Obergiesing zu graben.

Die Bewirtschaftung wurde durch Ökonomieführer ausgeübt. Namentlich bekannt sind unter anderem ein Johann Jakob Brunner (*12.8.1788), verheiratet seit 7.10.1827 mit Monika Kämpfer (*18.2.1800) aus dem Rechenmacherhaus (Haus Nr. 4). Dazu ein Bericht im Pastoralgrundbuch der Pfarrei Heilig Kreuz:

»Im April 1832 zeigte seine Frau beim königlichen Landgericht in der Au an, dass er bereits in der Schweiz verheiratet sei. Bei der Kriminaluntersuchung gab er zu, dass er eigentlich Jakob Bauer heiße und aus Welschwyl im Kanton Zürich gebürtig sei und dort seine Frau mit drei Kinder verlassen habe.« Er wurde vom Gericht zu vier Jahren Zuchthaus verurteilt und die Ehe mit Monika Kämpfer durch Konsistorialbeschluss vom 26.10.1833 annulliert.

1839	Auf dem Grundstück Bergstraße 20 wird ein neues Wohnhaus mit Nebengebäuden errichtet.
31.1.1840	Joseph von Utzschneider verunglückt bei einer Wagenfahrt am Giesinger Berg tödlich. Sein Begleiter war der Pfarrer von Giesing und Dekan Johann Nepomuk Silberhorn, der mit dem Schrecken davonkommt.
20.6.1842	Der königliche Hofrat von Dessauer ersteigert aus der Utzschneiderischen Hinterlassenschaft die Gebäude in Obergiesing und den Warthof (Haus Nr. 129).
29.9.1842	Hofrat von Dessauer verkauft die gesamte Liegenschaft an Ludwig Knorr für 33 010 Gulden.
3.4.1846	Magistratsrat Ludwig Knorr überlässt seinem Sohn Ludwig Knorr den Warthof und das Anwesen Bergstraße 20.
21.8.1846	Heirat von Ludwig Knorr (*1.7.1820) mit Maria Antonia Josepha Stobauer (*26.11.1828), einer Rentamtmannstochter aus der Vorstadt Au.
28.5.1847	Ludwig Knorr stellt bei der Gemeinde einen Antrag, den ehemaligen Utzschneiderischen Hof in acht Parzellen zertrümmern zu dürfen, insbesondere vier Bauplätze am Ende der Grundstücke, an der Ecke der späteren Tegernseer Land-/Wirtstraße, auszuweisen. Nach dem Augenscheinprotokoll der Gemeindebevollmächtigten ist der Hof zu dieser Zeit ohne alle Bewirtschaftung. Durch den Neubau auf dem Warthof ist das Anwesen in Giesing

Michlbauer

mit seinen Baulichkeiten gänzlich überflüssig geworden und auch der Betrieb der Zuckerfabrik ist nicht mehr rentabel. Ein Käufer für das gesamte Grundstück findet sich anscheinend nicht.
Offensichtlich wird eine umfassende Genehmigung aber nicht erteilt.
Bei der Straßeneinteilung und Hausnummerierung anlässlich der Eingemeindung 1854 gehören die Bergstraße 20, 21 und 22 und die Wirtstraße 16 und 17 zum Anwesen.

10.11.1847 Ludwig Knorr verkauft das Wohnhaus an der Bergstraße 20 mit Einfahrt und Hofraum an seinen Nachbarn, den Ostermayerbauer Leonhard Pauli und dessen Ehefrau Katharina, für 2500 Gulden.

Zur weiteren Geschichte dieses Hauses siehe Ostermayerbauer (Haus Nr. 13).
Auch die übrigen Grundstücke, die zum Haus und Garten des Michelbauern gehören werden veräußert und nach und nach bebaut.

1875 Ludwig Knorr gründet an der Wirtstraße 16 und 17 (heute Wirtstraße 1 und 3) die Giesinger Brauerei.

1893 Nach mehrfachem Besitzerwechsel ab 1877 ersteigern Zacharias und Johannes Henninger aus Frankfurt die Brauerei zusammen mit weiteren Grundstücken an der Wirtstraße.
Umbenennung der Brauerei in »Bergbräu GmbH«. Es entsteht eine Großgaststätte und Ausflugslokal (»Bergbräubierhallen«).

1907 Aus Konkurrenzgründen erwirbt eine Gemeinschaft der Münchner Brauereien den erfolgreichen »Bergbräu« und stellt den Braubetrieb sofort ein.

1913 Auf dem Grundstück an der Wirtstraße entsteht ein Lichtspieltheater (»Bergpalast«). Anstelle der »Bergbräubierhallen« an der Bergstraße 15 nutzt ab 1926 die Bulag – Bayerische Uniform Werke GmbH (später Bayerische Bekleidungswerke GmbH) die Gebäude.

nach 1945 Nach den Kriegszerstörungen und der Stilllegung der Fabrikationsanlagen werden diese sowie das noch erhaltene bäuerliche Wohngebäude 1968 abgebrochen. Es entsteht auf dem gesamten Grundstück eine Eigentumswohnanlage (Martin-Luther-, Wirt- und Bergstraße).

Ostermayerbauer

Haus Nr. 13, später Bergstraße 19, dann Nr. 13, heute zwischen Bergstraße 11 und 15

Der Ostermayerhof, bis circa 1850 Michlbauernhof, um 1930; rechts Toreinfahrt zu den »Bergbräubierhallen«.

Ostermayerbauer

Der Ostermayerhof gehört zu den ältesten urkundlich genannten Bauernhöfen in Obergiesing. Das Heilig-Geist-Spital in München ist der Besitzer dieses halben Hofs gewesen. Der Hausname wird erstmals in der Hofanlagenbuchhaltung des Landgerichts Wolfratshausen, Amt Perlach, von 1760 genannt.

Um 1300 stiftet ein Heinrich von Lausbach und seine Ehefrau Gertrud dem Hl. Geist-Spital in München eine »Gilt« von einem Hof in Obergiesing, der aber da noch dem Otto von Eurasburg (1288–1322) gehört.

- 6.11.1340   Der Hof, auf dem »der Planck aufsitzet« ist inzwischen vom Heilig-Geist-Spital den Herren von Eurasburg abgekauft worden.

- 8.3.1374   Albrecht Baier von Obergiesing verkauft seinen vom Heilig Geist-Spital leibgedingweise innegehabten Hof in Obergiesing an den Müller der großen Mühle in Untergiesing.

- 2.3.1393   Hans und Katharina Neumayer sowie ihre Söhne Ulrich und Heinrich bestätigen einen Hof des Heilig-Geist-Spitals in Giesing zu Leibgeding erhalten zu haben.

- 1449   Salbuch des Heilig-Geist-Spitals: »Item ein Hof zu Obergiesing, da der Ulrich Polz aufsitzt.«

- 1494   Salbuch des Heilig Geist-Spitals: »Item ein Hof zu Obergiesing darauf jetzt Lendlpauer [Lienhartpauer] sitzt, dient jarlich mit genannter Gilt« (bis 1526).

- 1629   »findet sich bei diesem Hof 29 Joch Acker, 4 Tagwerk eigene und 8 Tagwerk gemeine Wismad, einer sehr schlechten Erträglichkeit und dann beim Haus ein Garten ohne Baum, 1 Tagwerk groß.«

- 1671   Wolfgang Gämpperl hat das Leibrecht auf den 14 Joch großen Hof und nennt 2 Rösser sein Eigen.
Für die unterschiedlichen Flächenangaben gibt es keine Erklärung. Der Hof wird als ganzer Hof aber auch als Dreiviertelhof aufgeführt.

- 12.10.1705   Vermutlich sein Sohn Hansen Gämpperl hinterlässt seiner Witwe Ursula und der 25-jährigen Tochter Magdalena (oder Helena) diesen zum Heilig Geist-Spital grundbaren Hof. Heirat der Tochter mit Jakob Pamayr (Pachmayr) von Putzbrunn, der 400 Gulden Heiratsgut mitbringt.

- 12.4.1720   Nach dem Tod von Magdalena erhält der zwölfjährige Sohn Joseph sein Muttergut an der Erbschaft in Höhe von 250 Gulden ausbezahlt.
Jakob Pachmayr verkauft den Hof an den Schuhmacher Georg Prändl (später auch Brandl) für 1050 Gulden.

Ostermayerbauer

15.10.1733	Nach dem Tod von Georg Prändl, Schuhmacher und Halbhöfler zu Obergiesing, überlässt seine Witwe Ursula den Hof an ihren 36-jährigen Sohn Balthasar.
3.8.1736	Balthasar heiratet Ursula Schabl, die Schuhmacherstochter von Mathias und Agatha Schabl.
20.3.1743	Nach dem Tod von Balthasar verbleibt der Witwe der Hof mit dem fünfjährigen Sohn Franz. Sie heiratet nun Mathias Strobl.
9.6.1747	Auch Ursula verstirbt. Witwer Matthias und Stiefsohn Franz werden Eigentümer »nebst allem anderen Vermögen« (Muttergut). Matthias heiratet Theresia Obermayr aus Ramersdorf.
31.5.1769	Nach dem Tod von Matthias übergibt die Witwe Theresia den Hof an Stiefsohn Franz Prändl. Theresia bleibt auf dem Ostermayerhof bis zu ihrem Tod am 2.9.1786. Sie wird 74 Jahre alt.
17.7.1769	Franz Prändl heiratet Ursula Huber (*21.5.1747) aus dem Mayerhof (Haus Nr. 30) in Obergiesing (zu dieser Zeit auch Paulaner Hof genannt). Aus der Ehe stammen elf Kinder, von denen fünf bereits im Kindesalter sterben.
7.3.1799	Franz stirbt mit 61 Jahren. Seine Witwe übergibt den Hof an ihre älteste lebende Tochter Maria (*9.8.1772). Ursula Prändl lebt auf dem Hof weiter und stirbt am 7.11.1811 mit 64 Jahren.
8.4.1799	Heirat von Maria mit Georg Pauli, Gütler und Kramerssohn aus Unterhaching. Sie bekommen insgesamt zwölf Kinder, von denen vier bei der Geburt oder kurz danach sterben. Die älteste Tochter Marianne (*28.2.1800) heiratet am 13.6.1831 den Mayrbauer Bartholomäus Empl aus Riem. Sie hat seit 1822 bereits eine Tochter von Johann Gebhart, einem ledigen Bauernsohn vom Hoffischerhof (Haus Nr. 26).

Das Heilig Geist-Spital ist von der Säkularisation nicht betroffen und erhält weiterhin die Stiften und Gilten von dem 75,88 Tagwerk umfassenden Anwesen. Zehent und Bodenzins werden vom Königlichen Rentamt München erhoben.

5.2.1833	Die Ostermayerbäuerin Maria Pauly verstirbt mit 60 Jahren.
10.9.1833	Der Ostermayerbauer Georg Pauly stirbt um Mitternacht mit 67 Jahren.
18.11.1836	Nach Ableben der Bauersleute überlassen die Geschwister das elterliche Anwesen mit 106 Tagwerk Acker, Wiesen und Wald an den ältesten Bruder Leonhard (*5.11.1801).

Ostermayerbauer

Die übrigen Geschwister verlassen nach und nach das Elternhaus:
Sohn Joseph (*13.5.1806) heiratet am 1.5.1838 Anna Maria Mayr vom Zehentbauernhof (Haus Nr. 21).
Tochter Theresia (*3.5.1808) heiratet am 23.10.1838 den Ökonomen Andreas Strobl aus der Lohe (Haus Nr. 99, später Lohstraße 17).
Sohn Georg (*25.3.1818) erwirbt am 20.12.1848 die Brandstätte des Schrannenbauernhofs (Haus Nr. 15) und betreibt dort einen Viehhandel.

4.2.1840 Leonhard Pauly heiratet Katharina Neumiller (*21.11.1819), die Stieftochter des Loher Wirts Sebastian Petuell. Sie bringt 1000 Gulden Heiratsgut in die Ehe mit.
Ihnen werden sieben Kinder geboren. Zwei Töchter sterben mit einem Jahr. Der älteste Sohn Leonhard (*18.11.1840) heiratet am 12.3.1872 Josepha Engl (*23.1.1846), eine Geflügelhändlerstochter. Sie betreiben in der Tegernseer Landstraße 97 eine Kramerei.
Der zweite Sohn Georg kommt am 11.4.1842 zur Welt.
Die Zwillinge Katharina und Maria werden am 15.2.1846 geboren.
Die Tochter Anna (*6.12.1851) heiratet am 5.5.1874 den Metzgermeister und Hausbesitzer an der Tegernseer Landstraße 80, Georg Pauly, Zehentbauernsohn von Haus Nr. 21.

10.11.1847 Leonhard Pauly erwirbt für 2500 Gulden das Nachbarhaus Bergstraße 20, den ehemaligen Michlbauernhof (Haus Nr. 12). Die Familie zieht von ihrem bisherigen daneben liegenden Wohnhaus in den um 1839 vom Vorbesitzer errichteten Neubau um. Der Hofname Ostermayer wird im Laufe der Zeit für dieses Wohnhaus gebräuchlich.
Ab der Wahlperiode 1854/1857 war Leonhard Pauly Magistratsrat. Er gehörte 1857 zu den Gründungsmitgliedern der St. Vinzentiuskonferenz Heilig Kreuz-Giesing, dem Trägerverein des St. Alfons Altenheims am Bergsteig.

25.3.1871 Tod von Leonhard Pauly.

1.6.1874 Übergabe des Anwesens durch die Witwe an den zweitjüngsten Sohn Georg.

10.11.1874 Heirat von Georg und Maria Pfeiffer (*8.12.1852), einer Metzgerstochter. Ihre Mutter war in zweiter Ehe mit Daniel Nagel, dem Besitzer der Gaststätte »Zum letzten Pfenning« an der Tegernseer Landstraße 116 verheiratet.

17.12.1875 Geburt von Sohn Georg. Er heiratet später Maria Pauly aus dem Zehentbauernhof (Haus Nr. 21), stirbt jedoch schon mit 29 Jahren am 26.1.1904.

11.9.1877 Ökonom und Distriktsvorsteher Georg Pauly stirbt mit 35 Jahren.

13.12.1880 Heirat von Witwe Maria Pauly mit Ferdinand Niedermaier (*19.10.1842), Rohproduktenhändler und Witwer; seine erste Frau Walburga Sturm (*10.2.1842,) starb am 30.7.1880. Er brachte drei Kinder in seine zweite Ehe mit: Walburga (*4.2.1869), sie heiratet später Franz Knoll, Sandwerksbesitzer (Grafenbauer, Haus Nr. 1), ferner Ferdinand (*9.2.1870), Sägewerksbesitzer, und Maria (*30.1.1872). In der neuen Ehe mit Ferdinand werden drei Töchter geboren: Anna (*14.9.1881), sie heiratet den Metzgermeister und Gastwirt Georg Pauly (Tegernseer Landstraße 80), Sofie (*12.4.1883) ist verheiratet mit dem Eisenwarenhändler August Thalmayer, später Firma Nilsson (Tegernseer Landstraße 103), und Josephine (*12.1.1886), sie heiratet den Lehrer Hans Kellner.

1899 Ferdinand und Maria Niedermaier errichten an der Tegernseer Landstraße 189 die Ausflugswirtschaft »Burg Fichteneck« mit Biergarten, Kegelbahn, Schützenhalle und Aussichtsturm als neuen Erwerbsmittelpunkt.

Maria Niedermaier, geborene Pfeiffer, verwitwete Pauly, am 24.10.1900, bei der Hochzeit ihrer Tochter Anna.

1904 Übergabe der Gaststätte an die Tochter Anna.

1910 Verkauf von 9,4 Hektar Grund an die Stadt München.

27.9.1911 Nach dem Tod von Ferdinand Niedermaier übernimmt die restlichen 5,7 Hektar Grund die Erbengemeinschaft, bestehend aus den drei Töchtern Anna, Sofie und Josephine. Damit erlischt der landwirtschaftliche Betrieb.

Ostermayerbauer

22.6.1914 Maria Niedermaier wird zu Grabe getragen.

28.11.1916 Die Gebäude an der Bergstraße 13 werden an die Münchner Export Malzfabrik AG veräußert. Der Vorläufer dieser Fabrik ist der 1880 gegründete »Karmeliterbräu«. Der ursprüngliche Sitz ist in der Tegernseer Landstraße 37.

Das alte Wohnhaus wird um 1968 abgebrochen und eine Eigentumswohnanlage erbaut (heute bei Bergstraße 11).

Hof zwischen den Anwesen Ostermayer (rechts) und Michlbauer (links).

»Ausflugswirtschaft Burg Fichteneck«, historische Ansichtskarte um 1899.

Risshaus

Haus Nr. 14, heute gegenüber Einmündung Zehentbauernstraße

Das Anwesen wird nach seinem Besitzer, dem Maurer Georg Schweibl, auch »beim Maurer« genannt. Dessen Vater hatte 1785 in das Haus eingeheiratet. Das Grundstück ist erbrechtbar zum Königlichen Rentamt.

Der Sohn Georg Schweibl junior (*12.11.1785) heiratet 1806 Theres Mehringer (*25.5.1783), eine Maurerstochter aus der Lohe. Er verkauft für 60 Gulden seine 2 Tagwerk Holzwiesen im Grünwalder Forst. Nach dem Tod von Georg 1846, der neben seiner Maurerarbeit auch Irrenhauswärter war, veräußert seine Witwe das Anwesen an der Bergleite an den Gerbergesellen Bernhard Klein.

Bei der Straßeneinteilung 1856 erhält das im Hang erbaute Anwesen (gegenüber Zehentbauernstraße) die Hausnummer Bergstraße 30.

Die Stadt München erwirbt 1893 das Grundstück vom Tabakhändler Leonhard Klein und lässt das Haus 1894 abreißen

Schrannenbauer

Haus Nr. 15, später Zehentbauernstraße 6, dann Zehentbauernstraße 1, heute Bergstraße 9

Schrannenbauernhof 1968. Nur das Wohngebäude hat den Krieg überstanden.

1671 Im Steuerbuch ist eine Sölde als Eigenbesitz aufgeführt, die je zur Hälfte Kaspar Mayerl und Franz Stässenegger gehört. Es handelt sich vermutlich um das spätere Schrannergütl, da die Aufteilung auf zwei Besitzer noch lange bestehenbleibt.

1756 Im Matrikelbuch der Heilig-Kreuz-Kirche ist Melchior Landl mit seiner Frau Ursula Faltermayr als Bauern zu Obergiesing genannt. Ursula Faltermayr ist 1760 dann mit Donatus Schwabl verheiratet.

1760 Erstmalige Erwähnung des Hausnamens Schrannerbauer als Eigenbesitz für einen Achtelhof (eine Bausölde) in der Hofanlagenbuchhaltung für das Landgericht Wolfratshausen, Amt Perlach.

Schrannenbauer

13.10.1763 Donatus Schwabl und seine Frau Ursula sind Eigentümer des halben Leerhäusl beim Schrannenbauer.

13.12.1763 Anna Laiminger ist Eigentümerin der anderen Hälfte.

3.4.1772 Donatus Schwabl, Sechzehntelbesitzer des Schrannenbauern, vertauscht sein innegehabtes frei eigenes Söldenhäusl an den Schrannenknecht Melchior Mayr.

22.1.1777 Anna Laiminger übergibt ihren Teil an den Sohn Franz Paul Laiminger.

9.9.1789 Der verwitwete Melchior Mayr (er war mit Maria Manhart verheiratet), überlässt das Gütl seinem Schwiegersohn Joseph Gebhard, Hoffischerbauer (siehe Haus Nr. 25), der seit 13.10.1783 mit seiner Tochter Maria (*8.7.1762) verheiratet ist.

3.10.1789 Melchior Mayr stirbt mit 75 Jahren.

3.10.1794 Joseph Gebhard, Hoffischer zu Obergiesing, und seine Ehefrau Maria verkaufen ihr frei eigenes halbes Häusl beim Schrannenbauern – und zwar die untere Wohnung –, an Joseph Tafner (später auch Dafner), Bauernsohn von Unterhausen, Pflegegericht Weilheim. Die andere Hälfte ist im Besitz von Franz Paul Laiminger.

7.1.1795 Joseph Tafner heiratet Maria Schweinhammer, Häuslertochter aus Garching.

21.6.1805 Josef und Maria Tafner erwerben 5 Tagwerk durch Los zugefallene Forstwiesen in Grünwald für 180 Gulden.

9.8.1807 Der verwitwete Paul Laiminger verkauft seinen Hausanteil an Joseph Dafner um 150 Gulden. Das Anwesen ist nunmehr im alleinigen Besitz der Eheleute Dafner.

1812 Das Anwesen umfasst 20,69 Tagwerk, alle Äcker im Eigenbesitz bis auf den Wald, der zum Königlichen Rentamt abgabenpflichtig ist.

7.1.1820 Joseph Dafner verstirbt mit 54 Jahren.

22.10.1847 Der Sohn Georg (*21.10.1803) verstirbt am 22.10.1847 am Schlagfluss.

19.2.1848 Maria Daffner überlässt, nachdem das Wohnhaus abgebrannt ist, alle Felder und den Wald der Gemeinde Giesing gegen Übernahme der Schulden in Höhe von 1906 Gulden und die tägliche Verpflegung vom Hofspital und ein eigenes Zimmer im Hofspital (später dann in der Pfründneranstalt der Gemeinde). Das Hofspital/Hofkrankenhaus stand von 1692 bis 1877 am

Schrannenbauer

Kolumbusplatz, die Pfründneranstalt von 1838 bis 1874/1875 auf der anderen Seite des Auer Mühlbachs unterhalb des Bergs.

20.12.1848 Die Gemeinde Giesing verkauft die Äcker an einheimische Landwirte und andere Abnehmer, hauptsächlich Gewerbetreibende. Die Brandstätte erwirbt der Metzgerknecht Georg Pauly für 400 Gulden.
Georg Pauly (*25.3.1818) stammt aus dem Ostermayerhof Haus Nr. 13. Er baut auf dem Bauplatz mit circa 400 Quadratmeter ein Wohnhaus mit Stadel und Stall.

18.1.1849 Georg Pauly heiratet die Bauerntochter Franziska Schopper aus Großdingharting.

8.8.1851 Die frühere Schrannenbäuerin Maria Daffner stirbt im Pfründnerhaus mit 78 Jahren.

29.2.1872 Der Sohn des Tierarztes (siehe Haus Nr. 24) Georg Reuß erwirbt das Anwesen.

24.8.1872 Weiterverkauf an die Eheleute Johann und Therese Breitweg.

1876/1877 Die beiden kaufen landwirtschaftliche Flächen mit circa 11 Tagwerk dazu, von denen sie aber 3 Tagwerk an ihren Nachbarn auf der anderen Straßenseite Joseph Wagmüller (Sattlerbauer, Haus Nr. 17) weiterveräußern.
Das Anwesen umfasst ein Wohnhaus mit angebauter Kuhstallung, Getreidestadel, Pferdestallung mit Wagenremise und Heulager, eine weitere Remise mit Stall, Holzschuppen, Sommerhäuschen, Springbrunnen und Hofraum.

27.12.1893 Grundstücksverkauf an den Mitbesitzer des Apothekerhofs (Haus Nr. 18) Simon Rothenfußer für 70 719 Mark.

30.1.1897 Josef und Katharina Bichl, Ökonomeneheleute von Haus Nr. 11, erwerben den Restbesitz und das Haus für 42 000 Mark. Die Eheleute Breitweg ziehen in ein Haus neben dem Schrannerbauern, das sie schon 1878 vom Nachbarn, dem „Daimer" erworben haben.

15.11.1898 Katharina Bichl (*23.9.1836) stirbt.

18.1.1899 Der Witwer Josef überlässt das Wohnhaus und die aus dem Bichlmayerhof auf dieses Anwesen übertragenen Grundstücke an seine Kinder Josef, Michael, Johann und Katharina.

8.4.1899	Auch Joseph Bichl (*25.10.1832) stirbt und wird wie seine Frau am Ostfriedhof beerdigt.
25.8.1899	Die Brüder Johann und Josef erwerben den Anteil von Michael Bichl am Gebäude um 38 514 Mark.
30.5.1906	Seine Schwester Katharina, inzwischen verheiratete Laub, überlässt ihren Hausanteil für 13 685 Mark ihren beiden Brüder, die ein Fuhrwerksgeschäft betreiben.
21.3.1941	Durch den Tod von Josef (*15.12.1864) wird Johann Bichl (*10.12.1876) Alleineigentümer des Wohnhauses.
18.11.1954	Hedwig Bichl, geborene Furtmaier, wird nach dem Tod von Johann einzige Besitzerin. Sie stirbt am 28.12.1973. Die Nachkommen der Familie Bichl bleiben Eigentümer des Hauses bis zum Abbruch 1982. Auf dem Grundstück (heute Bergstraße 9) wird ein neues Wohnhaus errichtet.

Altwirt

Haus Nr. 16, später Zehentbauernstraße 5, heute Zehentbauernstraße 2

Die Geschichte dieses Hofs ist eng mit der Geschichte des Anwesens Nr. 1 verbunden.

- **1636** Hans Schmäderer kauft von Graf Friedrich von und zu Törring auf Seefeld die von den Grafen auf einem Anger errichtete Tafernwirtschaft. Schmäderer ist ab 1646 auch der Besitzer des Hofs vom Kloster Beuerberg (Haus Nr. 1).
- **1671** Im Steuerbuch ist das Lehen mit 8 Joch Acker und 2 Rössern und der Wirtsgerechtigkeit aufgeführt.
- **1694** Eine Nachkomme namens Balthasar ist Wirt zu Giesing.
- **27.2.1724** Balthasar Schmäderer, ehemaliger Wirt zu Obergiesing ist »nächtens zwischen 11 und 12 Uhr in dem Herrn verschieden und darauf den 29. selbigen Monats begraben worden«. Er hinterlässt eine bereits verheiratete Tochter und sieben weitere Kinder. Die Witwe Therese erbt den auf 3100 Gulden geschätzten Beuerberger Hof und die zum Grafen Törring-Seefeld grundbare Wirtschaft.
- **11.10.1727** Die Witwe übergibt das Anwesen an ihren Sohn Johannes.
- **23.6.1734** Hans Schmäderer, Wirt zu Giesing, heiratet Therese Schweighart. Den beiden werden sechs Kinder geboren.
- **1748** Nach dem Tod von Therese bleibt die Wirtstaferne und der Hof des Klosters Beuerberg im Besitz des Johannes Schmäderer. Von seinen sechs Kindern sind nur noch drei am Leben.
- **29.7.1748** Der Witwer heiratet Maria Doeringer aus Harlaching.
- **1769** Johann Schmäderer, Wirt zu Giesing, wird zu Grabe getragen.
- **13.2.1769** Seine Witwe Maria übergibt den Viertelhof mit der Taferngerechtigkeit und den Hof vom Kloster Beuerberg an den Stiefsohn Franz (*9.7.1735). Die Stieftochter Theres (*7.7.1736) ist seit 7.1.1766 mit Franz Plattensteiner, den späteren Besitzer des Apothekerhofs (Haus Nr. 19) verheiratet. Die Tochter Maria (*27.9.1742) bleibt ledig. Sie stirbt am 27.3.1790.
- **3.6.1769** Franz Schmäderer verheiratet sich mit Maria Holzer aus Untergiesing. Ihre sechs Kinder sterben alle im Kleinkindalter.
- **11.9.1776** Bei der Geburt seines vierten Kindes wird im Matrikelbuch der Vater Franz

Schmäderer mit »quondam hospitis«, gewesener Wirt, bezeichnet. Das Datum der Aufgabe oder der Verkauf der Wirtsgerechtigkeit ist aus den Briefprotokollen nicht ersichtlich.

12.4.1779 Franz Schmäderer veräußert auch den Beuerberger Hofanteil.

16.1.1800 Franz Schmäderer, »gewester Nixwirt« zu Obergiesing, stirbt.

4.8.1803 Witwe Maria Schmäderer verkauft den Viertelhof beim »Alten Wirt«, bestehend aus einem Haus, Garten, 6 Juchert Acker, 8 Tagwerk Wiesen und 6 Tag Forstwiesen, an Vitus Kern, gewesener Scheibmayr aus Weißenfeld, Landgericht (Markt) Schwaben, zu 650 Gulden.

12.6.1805 Vitus Kern veräußert zusammen mit seiner Frau Elisabeth für 2250 Gulden den Altwirt an Georg Franz Sitter aus Bergzabern in der Pfalz und dessen Ehefrau Margaretha, geborene Mayrhofer.

1812 Im Katasterverzeichnis sind 25,17 Tagwerk Grund für das Anwesen vermerkt.

2.6.1813 Der Bruder von Margaretha, Johann Mayrhofer, ist Mitbesitzer des Altwirtanwesens. Nach seinem Tod kommt es zu Streitigkeiten. Bei der Erbauseinandersetzung erhält der ledige Sohn Martin Mayrhofer das Anwesen und löst noch am gleichen Tag das Grundeigentum ab und verkauft zur Begleichung der Summe für 180 Gulden Ackerflächen.
Die Eheleute Sitter können in der dermaligen Wohnung verbleiben und erhalten die vorhandenen Kühe, 2 Bettstellen samt Betten, 2 Kasten samt Weibskleidung, Küchengeschirr, Baumsäge, 2 Erdäpfelhafen, 1 eiserene und eine hölzerne Gabel, 1 Dreschflegel, 2 Wasserschaffl, 1 Zuber, 1 Butterfass.

14.6.1813 Martin (*1792), heiratet die wesentlich ältere Müllerstochter Anna Maria Walter (*6.2.1780) von Degerndorf, Gericht Parsberg, in der Oberpfalz.

14.6.1817 Martin Mayrhofer überlässt für 150 Gulden seinen Wald mit 5,99 Tagwerk an den Besitzer des Warthofs Joseph von Utzschneider.

6.9.1839 Martin und Anna Maria Mayrhofer übertragen ihr auf 1600 Gulden geschätztes Anwesen beim Altwirt an die Stieftochter von Martin, Magdalena Förstl. Der Besitz wird beschrieben als zweistöckiges, halbgemauertes Haus, mit Schindeln gedeckt, dazu Stadel, Stallung, Hofraum und Garten und 16 Tagwerk Grund.

16.9.1839 Stephan Baierl (*6.12.1805), Bauernsohn aus Waizenried, Landgericht Schrobenhausen, heiratet Magdalena Förstl (*27.1.1813). Stephan wird im Matrikelbuch bei der Eintragung der Geburt seiner Tochter Magdalena (*2.12.1840) als Gütler zum »Nixwirt« bezeichnet.

Altwirt

23.10.1844	Nach dem Tod von Stephan Baierl heiratet die Witwe Lorenz Steimer, einen Fuhrmannssohn aus dem Haus Nr. 72 (später Tegernseer Landstraße 57).
8.4.1850	Der Austragler Martin Mayrhofer wird zu Grabe getragen.
18.10.1852	Seine Witwe, die Austraglerin Anna Maria, folgt ihm nach.
22.5.1862	Lorenz Steimer übernimmt auch das elterliche Anwesen an der Tegernseer Landstraße mit einer Pferdemetzgerei und einer Landwirtschaft. Die Eheleute Steimer übertragen nun die landwirtschaftlichen Gründe des »Nixwirtes« auf das dortige Anwesen. Das Restanwesen teilt sich in das Wohnhaus mit Wirtschaftslokalitäten Zehentbauernstraße 5 (heute Nr. 2) und ein Wohnhaus mit Stallung Zehentbauernstraße 4a (heute Nr. 4).
16.2.1874	Die jüngste Tochter Maria (*25.12.1851) heiratet den Fuhrwerksbesitzer Peter Halmanseder (*15.8.1846). Die beiden betreiben die Wirtschaft gemeinsam als Pächter.
25.11.1875	Peter Halmanseder verstirbt mit 29 Jahren.
1877	Im Frühjahr brennt das Wirtschaftshaus ab.
1.7.1878	Die Witwe Maria Halmanseder heiratet Joseph Lindenauer (*4.3.1848), der die wieder erbauter Wirtschaft als Pächter betreibt.
1883	Die Wirtschaft nennt sich wegen ihres Baustiles »Zur Alm«. Eigentümer ist immer noch die inzwischen verwitwete Magdalena Steimer.
29.5.1888	Nach dem Tod ihrer Mutter Magdalena wird die Tochter Maria Lindenauer Besitzerin der beiden Anwesen Zehentbauernstraße 5 und 4a.
1895	Die bisherigen Wirtschaftsgebäude werden abgebrochen und ein völlig neues Wohnhaus mit einen Wirtschaft und einer Kegelbahn gebaut.
1922	Maria Lindenauer veräußert das Anwesen, das in kurzfristiger Folge mehrmals den Besitzer wechselt.
22.10.1923	Eine Münchner Liegenschaften und Bau AG erwirbt das Objekt für 400 000 Millionen Mark!
28.5.1929	Die Stadt München kauft das Haus Zehentbauernstraße 2 und ist bis heute Besitzer des Anwesens.
23.10.1936	Das Nachbarhaus Zehentbauernstraße 4 wird von Maria Lindenauer an eine Landwirtsehefrau veräußert.

Sattlerbauer

Haus Nr. 17, später Zehentbauernstraße 4, heute Zehentbauernstraße 6

Das Lehen ist zuerst als Lippenhof erwähnt. Dieser Hausname könnte von einem Eigentümer Philipp (Kurzform Lipp) oder auch von einem Stifter stammen.

- **1574** In der statistischen Beschreibung des Landgerichts Wolfratshausen, Amt Perlach, ist der Viertelhof grundbar zum Gotteshaus in Höhenkirchen aufgeführt. Vermutlich eine Schenkung an die Kirche, der Zeitpunkt ist nicht bekannt.

- **1671** Michael Ostermaier, Bürger und Bierbrauer in München, besitzt das Leibgeding des 8 Joch großen Lehen mit 2 Rössern.

- **12.2.1737** Die Witwe Maria Elisabeth des »gewesten Bierbrauers« Augustin Ostermaier, verstorben am 4.1.1734, wahrscheinlich der Sohn von Michael, verkauft das sogenannte Lippenlehen in Obergiesing an das Frauenkloster am Lilienberg in der Au, zusammen mit dem Lerchenhof (Haus Nr. 37), für 3500 Gulden. Beide Höfe werden noch am gleichen Tag vom Kloster um 4100 Gulden an den Advokat Franz Ignatz Rudolph Michael Bender aus München und dessen Ehefrau Maria Anna Theresia weiterverkauft.

- **1760** Im Hofanlagsbuch ist dieses Gütl des Gotteshauses in Höhenkirchen als »Schörgenwastllehen« bezeichnet. Vielleicht war zwischendurch ein Bewohner namens Sebastian als Scherge, das heißt als Vollzugsbeamter oder Amtmann, des Landrichters tätig.

- **30.8.1773** Maria Anna Gruber ist als verwitwete Viertelhöflerin beim Lippen in Obergiesing genannt und heiratet den ebenfalls verwitweten Sattler Franz Paul Eyrainer aus der Au. Sein Beruf führt zum neuen Hausnamen »beim Sattler«.

- **12.9.1783** Nach dem Tod von Maria Anna heiratet Franz Paul Eyrainer Katharina Schmidl, die Tochter eines »gewesten Tafernwirts« zu München.
  Der 15-jährige Sohn Franz aus der ersten Ehe der Verstorbenen wird durch Vertrag abgefunden. Damit bleibt der Witwer und Stiefvater Eigentümer des Viertelhofs.

- **30.4.1787** Franz Paul und Katharina Eyrainer verkaufen das Anwesen für 600 Gulden an Joseph Englmann, Zimmermann und ehemaliger Herbergsbesitzer, und seine Frau Maria Anna.

Sattlerbauer

4.10.1799	Ignatz Mayr (*23.7.1757), ein Schäffler aus der Gegend von Kehlheim, und seine Ehefrau Anna Maria Heiler (*1764), verheiratet seit »Martini 1788«, erwerben den Viertelhof beim Lipp für 1300 Gulden.
3.10.1805	Margarete Heiler, bereits als verwitwete Sattlerbäuerin von Obergiesing bezeichnet, die Mutter von Anna Maria, stirbt mit 78 Jahren an »Altersschwäche«.
3.5.1822	Anna Maria Mayr, Sattlerbäuerin, stirbt mit 58 Jahre.
9.2.1824	Ignatz Mayr übergibt das Lippengütl, bestehend aus einem gemauertem Wohnhaus samt Garten, 17 Tagwerk Ackergründen, dazu 2 Tagwerk Acker aus dem zertrümmerten Sturmhof, 6 Tagwerk Wald und sämtlichen Haus- und Baumannsfahrnis mit Ausnahme des Schäfflerhandwerkszeug, an seinen Sohn Joseph (*22.4.1802).
22.2.1824	Joseph Mayr heiratet Maria Kressierer (*19.3.1802). Den beiden werden vier Töchter geboren. Der einzige Sohn Georg (*29.5.1842) stirbt einen Tag später.
7.8.1825	Der Sattlerbauer verkauft für 350 Gulden seinen Wald mit 6 Tagwerk an den Metzger Joseph Sailer in Haidhausen, den späteren Besitzer des Guts Stadelheim.
9.8.1854	Joseph Mayr stirbt an der Cholera.
15.8.1854	Seine Frau Maria stirbt ebenfalls an der Cholera.
27.6.1855	Die Erben, die Töchter Theresia (*6.3.1825), Maria (*20.1.1828), Kreszenz (*21.5.1830) und Ottilia (*9.12.1835) verkaufen das Anwesen mit 20 Tagwerk Grund für 4900 Gulden an Joseph Wagmüller.
9.10.1855	Joseph Wagmüller (*21.11.1829) heiratet die Bauerntochter Maria Knab (*20.2.1826) aus Winning. Von den neun Kindern aus dieser Ehe sterben vier im Kleinkindalter.
16.10.1876	Maria Wagmüller wird mit 50 Jahren zu Grabe getragen.
2.12.1887	Joseph Wagmüller übergibt das Wohnhaus mit Stallung und Getreidestadel und 6,143 Hektar Gründe an seine Tochter Katharina (*3.4.1867).
24.1.1888	Katharina heiratet Joseph Knoll (*25.1.1865) aus dem Hauserbauernhof (Haus Nr. 31). Die beiden verkaufen ab 1895 nach und nach ihre Grundstücke.

1936/1937 Durch Erbfolge wird eine Erbengemeinschaft ihrer Kinder Eigentümer der Gebäulichkeiten an der Zehentbauernstraße und des Restgrundstücks, einer Wiese mit 1,1020 Hektar.
Bei der Erbauseinandersetzung 1950 wird Maria Volkmann, geborene Knoll, eine Tierarztehegattin Alleineigentümerin.
Heute steht auf dem ehemaligen Bauernhof eine Eigentumswohnanlage.

Daimer

Haus Nr. 18, später Zehentbauernstraße 7, heute Zehentbauernstraße 3

Vorne der Schrannenbauer, dahinter das Daimergütl, 1910.

Das Anwesen, auch Taymayr beziehungsweise Domayr genannt, gehört der Kirche in Obergiesing. Der Zeitpunkt des Erwerbs des Gütls durch die Kirchenstiftung, vermutlich eine Schenkung, ist nicht bekannt.

- 1639 Witwe Barbara Lechner ist als Eigentümerin des Anwesens genannt.
- 1671 Im Steuerbuch dieses Jahres besitzt Adam Forster das Leibgeding an dem Lehen mit 14 Joch Äckern und 2 Rössern, das dem Heilig-Kreuz-Gotteshaus in Giesing gehört.
- 28.10.1696 Christoph Daimer, aus der Familie des Namensgebers für das Haus, ist in den Kirchenstiftungsurkunden als Besitzer aufgeführt.

23.10.1704	Barbara Daimer, die Tochter der verstorbenen Eheleute Christoph und Maria Daimer, erbt, neben ihrem Bruder Carl, der beim Ostermayerbauer Hans Gämperl auf Haus Nr. 13 in Diensten steht, und ihrer Schwester Magdalena, das Lehngütl.
14.10.1714	Vergantung des Gütls, da die Daimerischen Erben »eine sehr liederliche Hauswirtschaft geliefert«, an den Schrafnagelmüller Franz Streicher und seine Ehefrau Elisabetha für 850 Gulden.
22.9.1716	Matthias Stainer, der Besitzer der Kammerloher Mühle, auch Schobinger Mühle, benannt nach den Eigentümern im 17. Jahrhundert (an der Lilienstraße 9, zerstört im Zweiten Weltkrieg), erwirbt das Lehen für 1000 Gulden.
9.4.1734	Matthias Stainer veräußert das Lehengütl an den jetzigen Besitzer der Kammerlohschen Mühle Franz Reider und dessen Ehefrau Katharina wiederum für 1000 Gulden.
10.2.1773	Thomas Jocher »gewester Kammerloher Müller als bisheriger Freystifter und Besitzer des zum Heilig Kreuz Gotteshaus zu Obergiesing grundbar gehörigen sogenannten Daimer Gütl verkauft den Viertelhof, bei dem keine Behausung, kein Vieh und Fahrnis vorhanden, sondern lediglich ein Stadl«, für 575 Gulden an Franz Erl, Falkenwirt ob der Au.
16.4.1779	Franz Erl übergibt den Hof und die Tafernwirtschaft in der Falkenau an seinen Sohn Erasmus Erl. Dieser erhält den Freystiftsbrief für das Gütl für eine jährliche Gilt von 8 Gulden und 14 Kreuzer in »gut gangbarer Landeswährung«. Erasmus Erl heiratet wahrscheinlich im gleichen Jahr Franziska Manhard.
5.9.1781	Franz Erl, ehemaliger Wirt und Bauer, stirbt in Oberbiberg. Er wird aber in Obergiesing begraben.
21.4.1796	Erasmus und Franziska Erl unterschreiben einen Schuldbrief über 2500 Gulden. Vermutlich werden damit die Schäden während der Besetzung durch die Franzosen zur Zeit der Koalitionskriege beseitigt.
1799	Franziska Erl stirbt. Ihre beiden Kinder Joseph und Franz sind bereits bei der Geburt verstorben.
7.1.1800	Erasmus Erl heiratet die Schrannenknechtstochter Anna Maria Hintermayr aus der Lohe.

Daimer

Seite 1 der Inventarliste des Erasmus Erl beim Verkauf des Daimergütl im Jahr 1803:

1 Pferd

2 Küh eine schwarz gescheckt, eine braun

2 Rinder 2-jährig

2 Betten samt Bettstatt

2 Wägen mit Ketten und Leitern

1 Pflug

2 eiserne Eggen

2 Schlitten

4 Kummet mit Rossketten und alles dazugehörige

1 Sattel

1 Winde

1 Windmühl

2 Sib [Sieb]

3 Heugabel

4 Dreschflegel

2 weitere

2 eiserne Mistgabel

1 Getreidschaufel

1 Strohbank

dann alles zugehörige was sich in dem Hof an Holz ecet. vorfindet

Staatsarchiv Briefprotokolle (BrPr) 13293 Bl.398

Daimer

8.8.1803 Erasmus Erl verkauft seinen Viertelhof an Paul Dumser und dessen Ehefrau Anna Elisabeth für 2500 Gulden. Die Bezahlung des Kaufpreises wird erst am 21.6.1811 quittiert. Erl ist inzwischen Wirt in Oberhaching.
Den Eheleuten Dumser werden nacheinander sechs Kinder geboren.

5.3.1817 Paul Dumser und seine Frau Anna Elisabeth verkaufen das Daimergütl mit dem gemauerten und schindelgedeckten Haus samt Stall und Stadl und 30 Tagwerk Acker, einem weiteren Tagwerk Acker in Perlach und 13 Tagwerk Waldung für 3261 Gulden an den Juden Sappel Pappenheimer unter der Bedingung, selbst anzubauen und allen Handel zu untersagen.

14.4.1817 Sappel Pappenheimer heiratet die ledige Nannette Schleismann, eine Tochter des »Schatzjuden von München«. Im Heiratskontrakt nennt er sich »Gutsbesitzer zu Obergiesing«.

14.12.1819 Pappenheimer verkauft für 2444 Gulden das Gütl an den ehemaligen Hausmeister des Grafen Minuzzi aus München, Johann Schachinger.

26.4.1821 Johann Schachinger veräußert das Daimergütl mit allen dazugehörigen Feldern, Wiesen und Holzgründen und 2 Pferden, 4 Kühen, 9 Hennen, 2 Fuhrwägen, 1 Pflug, 3 Eggen, 1 Schlitten an Valentin Weigel von Mörlheim bei Landau in der Pfalz. Der Kaufpreis beträgt 4500 Gulden.
Valentin Weigel ist mit Katharina Elisabeth Metz verheiratet. Sie sind mit vier Kinder nach Giesing gezogen:
Georg Peter (*1803), stirbt am 24.2.1824 mit 21 Jahren,
Johann Adam (*1805) stirbt als lediger Ökonomensohn am 6.10.1857,
Margaretha (*9.3.1809),
und Nikolaus (*17.12.1811).
Drei weitere Geschwister, zwei Buben und ein Mädchen, überleben die ersten Tage nach der Geburt nicht.
Der in Giesing am 27.12.1822 geborene Johannes stirbt noch am gleichen Tag.

7.7.1849 Valentin Weigel verkauft für 1900 Gulden seinen gesamten Wald mit 13 Tagwerk an den »Loher Wirt« Ignatz Kleiber.

5.2.1851 Die Eheleute Weigel übergeben ihr gesamtes Anwesen mit 32 Tagwerk Grund, das auf 4500 Gulden geschätzt wird, an ihren Sohn Nikolaus. Nikolaus ist Zitherlehrer. Er hat die Systemgrundlagen für den heutigen Zitherbau geschaffen (Umstellung der bisher weitgehend diatonischen auf eine chromatische Besaitung). Er ist Verfasser und Herausgeber von drei Zitherschulen und hat eine Vielzahl von Werken für Zither veröffentlicht, unter anderem auch Stücke von Herzog Max in Bayern (»Zithermaxl«).

4.3.1851	Nikolaus Weigel heiratet die Zimmermannstochter Cäcilie Linder (*25.6.1824) aus Ursberg. Den beiden werden in Giesing sechs Kinder geboren, später nochmals drei Mädchen in München.
24.4.1853	Valentin Weigel stirbt mit 74 Jahren.
22.8.1854	Die Witwe Elisabeth Weigel verstirbt mit 76 Jahren an der Cholera.
5.3.1855	Zur Finanzierung des Lebensunterhalts der Familie werden von Weigel bis auf 5 Tagwerk alle Grundstücke veräußert. Käufer sind überwiegend Giesinger Landwirte und Nachbarn an der Zehentbauerstraße.
11.10.1856	Nikolaus Weigel ist als Musiklehrer im München in der Rumfordstraße gemeldet.
21.9.1861	Die Eheleute Weigel ziehen endgültig nach München und verkaufen den Restbesitz, das Wohnhaus mit angebautem Stall, jetzt Zehentbauernstraße 7, an Korbinian Marksteiner für 7650 Gulden. Der Witwer Korbinian (*5.4.1818) aus Reichersbeuren heiratet 1862 die Dienstmagd Katharina Grünwalder (*2.10.1826) aus Perlach.
30.5.1863	Aus dem Nachlass des Grafenbauern werden 45 Tagwerk zugekauft.
10.1.1864	Der Besitz wird von Privatier Max von Hilz im Tauschweg gegen ein Haus in der Schellingstraße erworben.
15.4.1864	Weiterverkauf um 15 000 Gulden an die Ökonomeneheleute Johann und Agnes Allgaier.
18.6.1866	Die vom Grafenbauern erworbenen Äcker werden versteigert und wieder von dem Erben des Grafenbauern, Wilhelm Graf von Taufkirchen Lichtenau, erworben.
9.10.1869	Der Bierwirt Xaver Zechetmayr kauft den Restbesitz und wohnt mit seiner Frau Ursula auch im Anwesen.
11.1.1876	Zechetmayr veräußert die landwirtschaftlichen Flächen mit 5,4 Tagwerk an den Nachbarn Josef Wagmiller, Sattlerbauer, Zehentbauerstraße 4. Teilung des Stalls und Umbau in ein Wohnhaus.

Nikolaus Weigel, um 1861.

26.10.1877	Aufteilung dieses Hauses und Verkauf der einen Haushälfte mit Remise, Holzhütten und Wurzgarten an Anna Schungel für 21 428 Mark.
14.12.1877	Schneller Weiterverkauf dieser Hälfte an Anton Lindner um 29 000 Mark.
17.1.1878	Der frühere Besitzer Nikolaus Weigel ist tot.
10.4.1878	Die zweite Hälfte des umgebauten Stalls wird an die Nachbarn Johann und Therese Breitweg, die Besitzer der Schrannenbauerhofs (Haus Nr. 15), für 5600 Mark veräußert.
13.11.1879	Ersteigerung des Hausanteils Lindner durch die Bayerische Hypotheken- und Wechselbank um 3000 Mark.
	Das Anwesen hat in der Folge verschiedene Eigentümer, unter anderem ab 1910 den Tierarzt Fritz Volkmann, der im Haus auch seine Tierarztpraxis betreibt.
1952	Der Autospenglermeister Otto Schnitzer erwirbt das Ruinengrundstück für seine Werkstätte. Auf dem Grundstück wird von einem späteren Besitzer 2008/2009 ein Mietwohnhaus errichtet.

Apothekerbauer

Haus Nr. 19, später Zehentbauernstraße 8, heute Zehentbauernstraße 7

Apothekerhof, um 1930. Die Wiese ist heute Teil der Martin-Luther-Straße.

1671   Im Steuerbuch lässt sich dieser Hof, der immer im Eigenbesitz des jeweiligen Eigentümers war, nicht eindeutig bestimmen. Die Notiz im Bodenzinsregister, dass zu diesem halben Hof mit 14 Joch 2 Rösser gehören, ist ein Hinweis auf einen Hanns Raettenhuber (Rattenhuber), der zu dieser Zeit als Eigentümer des allerdings abgebrannten Anwesens (Brandstatt) genannt wird.
Der Hof wird anfänglich von den Eigentümern nicht selbst bewirtschaftet, sondern von einem Pfleger (Verwalter) oder Baumeister.

1716   Im Matrikelbuch der Heilig-Kreuz-Kirche ist ein Anton Zwergl als Pfleger auf dem Apothekerhof verzeichnet, 1764–1768 Matthias und Ursula Schneider.

Apothekerbauer

24.10.1752 Maria Anna Trüdtingerin, verwitwete Doktorin, und Maria Magdalena Weinhardtin vererben ihren frei eigenen halben Hof zu Obergiesing samt Haus und Stadl an Maria Ursula Weinhardtin, verwitwete Apothekerin in München. Sie dürfte damit Namensgeberin für den Hausnamen des Anwesens sein.

1760 Im Hofanlagenbuch ist noch Ursula Weinhardtin als Eigentümer aufgeführt.

28.5.1770 Hofapothekeroffiziant Johann Baptist Grobmayr veräußert seinen halben Hof zu Giesing an den Kornkäufer Georg Jaud in München für 500 Gulden.

23.8.1771 Georg Jaud verkauft seinen sogenannten Apothekerhof nebst 2 Zugpferden, 8 Kühen, 1 Kalb, 10 Schafen, Haus- und Baumeisterfahrnis an Franz Mosner (Moser), gewesener Mesner zu Bruck in der Hofmark Wildholzen, und seine Frau Ursula für 1000 Gulden. Da der Käufer das Geld bisher nicht »aufzukommen vermocht«, nimmt er 550 Gulden beim unverheirateten Bruder des Verkäufers Johann Jaud auf.

10.11.1777 Ursula Moser verstirbt mit 60 Jahren.

5.6.1781 Franz Moser, verwitweter Halbhöfler, übergibt den bisher besessenen frei eigentümlichen Apothekerhof samt allen Zubehör zu Dorf und Feld an seinen Sohn Johann Moser.

4.10.1783 Johann Moser heiratet Maria Widmann, Viertelhöflertochter zu Forstenried.

10.12.1786 Tauschbrief: Die Eheleute Moser überantworten ihren halben Hof mit allem Zubehör an Franz Plattensteiner, bisher Schuhmacher und Bausöldner beim Fuchsschuster, und seine Frau Theresia und erhalten dafür die dem Kloster Anger grundbare Bausölde, die seit 19.2.1766 in deren Eigentum war (siehe dazu auch Haus Nr. 41).
Franz Plattensteiner (*um 1719) war mehrmals verheiratet:
am 4.2.1749 mit Maria Schaberl, Schuhmacherin von Obergiesing,
am 25.8.1762 mit Barbara Hatzig von Oberalting,
am 7.1.1766 mit Theresia Schmader (*7.7.1736), Wirtstochter vom Giesinger Altwirt (Haus Nr. 16). Die Tochter Theresia (*4.2.1771) aus dieser Ehe heiratet am 26.11.1810 Joseph Mayr vom Zehentbauernhof (Haus Nr. 21).

13.12.1792 Theresia Plattensteiner, genannt Schusterbäuerin, stirbt mit 57 Jahren.

19.4.1797 Franz Plattensteiner überlässt die bei seinem Anwesen besessene Schuhmachersgerechtigkeit seinem Sohn Andreas (*26.10.1766).

9.5.1799 Tod des sogenannten Schusterbauern Franz Plattensteiner.

Apothekerbauer

23.4.1800 — Der Sohn Joseph Plattensteiner (*11.3.1769) übernimmt das »eigentümliche Anwesen nebst aller Fahrnis« und zahlt an seinen verheirateten Bruder Andreas und seine ledigen Geschwister Joseph, Nikolaus, Franz, Theresia und Christina 400 Gulden.

24.10.1810 — Joseph Plattensteiner heiratet Agatha Eberlin (*7.1.1766), Söldnertochter aus Irschenhausen. Den beiden werden vier Kinder geboren:
Anna Maria (*11.3.1811), sie verstirbt am 20.12.1829,
Georg (*8.4.1813), stirbt mit drei Wochen,
Maria Anna (*10.8.1814), stirbt ebenfalls mit drei Wochen und
Kreszentia (*1.5.1817).
Neben den eigenen Feldern und Wiesen müssen für drei Ackerflächen und zwei Waldgrundstücken der Zehent und der Bodenzins an das königliche Rentamt München entrichtet werden. Insgesamt gehören zum Hof 82,41 Tagwerk Grund.

25.5.1829 — Joseph Plattensteiner, Bauer vom Apotheker, stirbt mit 60 Jahre.

15.7.1836 — Agatha Plattensteiner übergibt ihr reluirt eigenes Wohnhaus mit 47 Tagwerk Acker und 8 Tagwerk Wiesen an ihre Tochter Kreszentia.

25.7.1836 — Kreszentia heiratet Joseph Magerl (*11.4.1809), Kichelmayr Bauernsohn von Bogenhausen.

31.3.1844 — Kreszentia stirbt mit 26 Jahren.

13.6.1844 — Joseph Magerl wird als Alleineigentümer des auf 8300 Gulden geschätzten Hofs protokolliert. Für die Kinder aus dieser Ehe, die Zwillinge Georg und Therese (*22.4.1837), Joseph (*16.3.1839), Johann (*14.12.1840) und Anna (*21.7.1842) wird je 800 Gulden Muttergut festgelegt.

29.8.1844 — Joseph Magerl heiratet Maria Hansch (*15.1.1810), eine Bauerntochter aus Reichertshausen. Den beiden werden sechs Kinder geboren:
Kreszenz (*12.7.1845, † 9.3.1846), Joseph (*21.2.1847, † 12.10.1847), Wilhelm (*9.2.1848), Joseph (*16.7.1849), Ludwig (*24.8.1851, † 16.2.1852), Maria (*2.11.1852).

1.6.1852 — Tod der früheren Apothekerbäuerin Agatha Plattensteiner.

13.8.1874 — Der ledige Ökonomensohn und Mühlbursche Johann Magerl stirbt mit 34 Jahren.

6.9.1881 — Durch Erbaufteilung werden Joseph und Maria, die Kinder aus erster Ehe, gemeinsam mit den Eltern Eigentümer: Georg, der seit 25.9.1871 mit Therese Müller aus der Wirtschaft »Giesinger Volksgarten«, Tegernseer Landstraße 69, verheiratet ist, Therese, verheiratete Schnaiter, Anna, verheiratete Koch, und aus zweiter Ehe Joseph Magerl junior sowie Maria, die mit Andreas Pauly vom Zehentbauernhof (Haus Nr. 21) verheiratet ist.

9.11.1881 Durch Überlassungsvertrag wird Anna Koch Alleineigentümerin des 65,747 Tagwerk großen Hofs.

27.5.1886 Anna Koch, Kälberschaffnersehefrau, verkauft das Wohnhaus mit Stallung und Stadel an den Ökonomen Josef Pesl und den Malzfabrikanten Simon Rothenfußer.
Josef Pesl hat 1889 in Perlach auch das Hieselschneider-Anwesen an der Hofmarkstraße 8 mit 20 Hektar, das heute noch in Besitz der Familie ist und 1891 das Eselschneiderhaus, Hofmarkstraße 10, erworben.
Auf dem rückwärtigen Teil des Hofgrundstücks wird ein Rückgebäude errichtet.
Von den Äckern und Wiesen werden sofort 21 Hektar verkauft, weitere 4 Hektar folgen 1887. Es verbleiben lediglich noch 1,720 Hektar.

1910 Nach dem Tod von Josef Pesl werden seine Witwe Kreszenz und die Kinder Dr. Daniel, Max und Rosa Pesl Eigentümer der einen Hälfte.

1912 Nach dem Tod von Simon Rothenfußer werden seine Witwe Anna und die Kinder Dr. Simon Rothenfußer, Veronika Deichstetter, Jakob Rothenfußer Katharina Haider und Anna Rothenfußer Besitzer der anderen Hälfte.

1938 Nach weiteren Erbfolgen sind Max und Regina Pesl Eigentümer der einen Hälfte und Katharina Dobmaier, Martha Gröschl sowie Christina Müllner die der anderen Hälfte.

1943 Verkauf des letzten Grundstücks mit 1,310 Hektar an der Grünwalder Straße an die Kraußche Krankenhausstiftung.
Das ehemalige Wohnhaus wird im Zweiten Weltkrieg vollkommen zerstört.

23.11.1954 Der Teil des Grundstücks, der durch den Bau der Martin-Luther-Straße abgetrennt wurde, wird veräußert und mit Läden in Flachbauweise bestückt.

1.4.1955 Ein weiterer Teil wird als Bauplatz an der Zehentbauernstraße 5 abgetrennt und verkauft (Kfz-Werkstätte, Tankstelle).

18.10.1956 Verkauf der Restfläche des ehemaligen Hofgrundstücks.

1963 Bebauung mit drei Wohnhäusern und Läden, zusammen mit dem Grundstück an der Weinbauernstraße 6, heute Martin-Luther-Straße 8 und 10.

Hainzn

Haus Nr. 20, später Zehentbauernstraße 3, dann Zehentbauernstraße 10, heute Zehentbauernstraße 8

Das Angerkloster zu München hat 1488 diese Hofstatt und einen Garten mit 1 Tagwerk erworben (siehe dazu Metzger, Haus Nr. 43). Die Herkunft des Hausnamens der Sölde ist unbekannt. Das Anwesen ist im 19. Jahrhundert im Besitz der Zimmermannsfamilie Huber. 1887 dann bei den Eigentümern der Bergbrauerei. 1918/19 ist kurzfristig Pius Mächler vom Soyerhof (Haus Nr. 128) Besitzer des 1911 neu erbauten Hauses und dann die Münchner Export Malz Fabrik (siehe auch Ostermayerhof, Haus Nr. 13), heute Bürobau der Stadt München.

Zehentbauer

Haus Nr. 21, später Zehentbauernstraße 2,
heute Kreuzung Zehentbauern- / Martin-Luther-Straße

Der Zehentbauernhof um 1930.

Der Hausname weist auf das Abgabensystem des Zehent hin. Auf einem Zehenthof oder Zehentstadel hatte der Empfänger dieser Abgabe, nämlich die Kirche, eine Möglichkeit nach der Ernte den Zehent einzulagern. Der große Zehent war jede zehnte Garbe des Getreides, der kleine Zehent der entsprechende Anteil an Gemüse, Rüben, Obst oder Flachs. Der Hof war kein Lehen der Ortskirche Heilig Kreuz, sondern gehörte zum Gotteshaus St. Margarethen des Gutshofs Harthausen, später Menterschwaige genannt. Das Kirchlein wurde schon 1198 urkundlich erwähnt und galt als Nebenkirche der Filiale Giesing der Pfarrei Bogenhausen. Es fiel 1803 der Säkularisation zum Opfer und wurde abgebrochen.

Zehentbauer

1574 — Ein Lehen (Viertelhof) ist laut statistischer Beschreibung des Landgerichts Wolfratshausen im Besitz der Kirche zu Haidhausen (vermutlich ein Schreibfehler für Harthausen!)

1671 — Im Steuerbuch hat Balthasar Prielmiller das Leibgeding dieses Hofs mit 4 Rössern, 1 Füllen und 4 Kühen. Balthasar könnte bis 1663 der Besitzer des Metzgeranwesens (Haus Nr 43) gewesen sein. Auch eine Verwandschaft mit den gleichnamigen Eigentümern des Schatzl (Haus Nr. 5) bis 1647 ist möglich.

27.9.1700 — Im Matrikelbuch ist der Tod von Balthasar Prielmiller, Bauer zu Giesing eingetragen.

28.3.1708 — Zum Wiederaufbau seines abgebrannten, zum Gotteshaus zu Harthausen gehörigen Guts, nimmt Michael Priemiller, zusammen mit seinem Eheweib Maria, 280 Gulden beim Bierbrauer und Bürger zu München, Augustin Ostermayr, auf. Der Brand ist vermutlich eine Folge des Spanischen Erbfolgekriegs und der österreichischen Besatzung um 1705.

7.4.1747 — Die Witwe Maria Prielmillerin verkauft ihr geerbtes Gütl an Barbara Cantzler aus Biberg und ihren nunmaligen Ehemann Joseph Mayr für 475 Gulden.

26.5.1760 — Joseph Mayr und sein einziger Sohn Joseph (*9.9.1751) sind nach dem Tod seiner Frau Barbara Alleineigentümer. Er heiratet Maria Erl, eine Metzgerstochter aus Forstinning.

13.6.1792 — Joseph Mayr verstirbt mit 90 Jahren.
Den Hof hat er schon vorher an seinen Sohn Joseph (*12.7.1764) aus der zweiten Ehe übergeben.

26.11.1810 — Joseph Maier heiratet Therese Plattensteiner (*4.2.1771) aus dem Apothekerhof (Haus Nr. 19).

1812 — Zum Anwesen gehören 58,59 Tagwerk Äcker und Wiesen, eine Waldung und ein weiterer Acker zu Perlach.

2.6.1825 — Der Zehentbauer Joseph Maier stirbt.

21.4.1838 — Da Sohn Joseph mit acht Tagen verstorben war, übergibt die Witwe Theres Maier ihrer einzigen Tochter Anna Maria (*20.2.1817) und ihrem angehenden Ehemann Joseph Pauly (*13.5.1806) aus dem Ostermayerhof (Haus Nr. 13) den Zehentbauernhof mit 22 Tagwerk Acker, 3 Tagwerk Wiesen und 27 Tagwerk Waldung. Das Anwesen wird auf 1400 Gulden geschätzt.

14.4.1849 — Die »Austräglerin« Therese Maier stirbt mit 78 Jahren.

Andreas Pauly und Maria Pauly, das letzte Ökonomenpaar auf dem Zehentbauernhof, um 1890.

22.6.1871 Die Ökonomengattin Anna Maria Pauly verstirbt mit 54 Jahren.

19.3.1872 Ihr Mann Joseph Pauly folgt ihr mit 66 Jahren.

10.7.1872 Eigentümer des Wohnhauses mit Stallung, Getreidestadel, Brandweinbrennhaus und Pumpbrunnen wird Sohn Andreas (*30.4.1841), der Maria Magerl (*2.11.1852) aus dem Apothekerhof (Haus Nr. 19) heiratet.
Die beiden haben zusammen drei Töchter: Kreszentia (*14.7.1874), Maria (*7.5.1876) und Franziska (*4.8.1878), die laut Matrikelbuch noch die Nottaufe erhält, bevor sie am gleichen Tag stirbt.
Von 1886 bis 1905 ist Andreas Pauly Gemeindebevollmächtigter.

1.3.1900 Die Stadt München erwirbt für 350 000 Mark 11,276 Hektar Wiesen- und Ackergründe aus dem Zehentbauernhof.

13.9.1900 Andreas und Maria Pauly kaufen für 45 000 Mark das Wohnhaus Zehentbauernstraße 20 an der Ecke bei der Tegernseer Landstraße und ziehen in dieses Haus um.

Zehentbauer

Gleichzeitig wird ein Teil der Grundstücke an die Tochter Kreszentia übergeben, die mit dem Krebsbauern Kaspar Peter aus Niedergiesing, heute beim Nockherberg, verheiratet ist. Tochter Maria erhält einen weiteren Anteil an den Grundstücken. Sie ist in erster Ehe mit ihrem Cousin Georg Pauly (*17.12.1875) aus dem Ostermayerhof (Haus Nr. 13) verheiratet und nach dessen frühen Tod am 26.1.1904 ehelicht sie Wilhelm Harlander (*26.2.1870). Der alte Bauernhof steht leer und wird nicht mehr bewohnt. Der landwirtschaftliche Betrieb ist eingestellt.

14.11.1904 Maria Pauly wird zu Grabe getragen.

13.10.1911 Andreas Pauly wird neben seiner Frau am Ostfriedhof beerdigt.
Von den Erben Kreszentia Peter und Maria Harlander werden die restlichen Grundstücke ab 1920 veräußert. Das Wohnhaus Zehentbauernstraße 20 verbleibt bei Maria Harlander.

28.11.1934 Das Grundstück mit dem alten Bauernhof wird von der Stadt München für 48 000 Reichsmark erworben und bei der Erweiterung der Martin-Luther-Straße 1935 abgebrochen. Auf einer Teilfläche des ehemaligen Hofgrundstückes befindet sich heute ein kleiner Biergarten.

Beim Totengräber

Haus Nr. 22, später Zehentbauernstraße 1,
heute gegenüber Zehentbauernstraße 13 und 15

Das sogenannte Totengräberhaus an der Zehentbauernstraße.

Das Grundstück stammt vermutlich aus dem Zehentbauernhof (Haus Nr. 21) wegen dem gleichen Grundherrn St. Margarethen Gotteshaus in Harthausen.

Zu dem Haus mit zwei Herbergen gehört eine Waldung. Der Hausnamen kommt sicher vom ausgeübten Beruf eines Bewohners.

Heute Garten des »Kastanienstüberls« an der Zehentbauernstraße.

Gschwendtner

(früher Scheffl-Lehen)

Haus Nr. 23, später Weinbauernstraße 3, heute Weinbauernstraße 6

Gschwendneranwesen; die Rückwand gehört zum Haus Weinbauernstraße 4.

23.12.1418   Hans der Pirmeyder, Bürger zu München, und Elspet, seine eheliche Hausfrau, verkaufen ihre Güter, Mühlen, Höfe, Hofstatt und Eigenleute in beiden »Gysingen« an das St. Klara-Kloster an dem Anger zu München für 460 neue ungarische Gulden. Das Scheff oder »Scheftl-Lehen« wird bei der Aufstellung in der Urkunde zwar namentlich nicht aufgeführt, doch ein Klos-

terschreiber vermerkt nur circa 40 Jahre später: »Das Gut im Kaufbrief nicht benennt, also bisher noch nit gefunden worden wie dies Gut eigentlich an das Kloster kommen«.
Es ist ein Viertelhof mit Gärten, 13 Tagwerk Wiesmahd und 5 Joch Acker.

1455 Ein Zotzel oder Zötzel hat das Lehen inne und dient dem Kloster 13 Schilling Gilt, 50 Eier, 2 Hühner und 1 Gans laut Stiftsregister bis 1472.

1.9.1505 Lehensbestätigung für Heinz Mair über die Lindenhub (Lehnerbauer, Haus Nr. 29) und das Schefflehen zu Giesing. Beide Güter waren im Krieg von den Pfalzgrafischen in Brand gesteckt worden (Landshuter Erbfolgekrieg). Auf dem Schefflehen war vorher der »Smid« gesessen.

1538 »Bärtl Wolfram« gibt 12 Schilling Gilt, 12 Pfenning Stiftsgilt, 25 Eier, 2 Hühner und 1 Gans.

15.2.1574 Georg Frais hat das Gut als bloße Freystift übernommen, auf dem zuvor Wilhelm Lechner gesessen war.

1610 Der Sohn von Georg Frais ist bis 1631 auf dem Hof.

1631 Hans Lechner ist bis 1635 auf dem Hof.

1635 Georg Schindlhauber reicht bis 1642 5 Gulden 4 Kreuzer Stiftgilt.

1659 Georg Gschwendtner und seine Frau Barbara erhalten Leibrecht für 25 Gulden. Sie werden die Namensgeber für den späteren Hausnamen.

1683 Georg Gschwendtner übergibt das Anwesen seiner Tochter Anna und ihrem Mann Balthasar Schwaiger, die beiden erhalten für 25 Gulden wieder das Leibrecht.

19.10.1728 Die Witwe Anna Schwaiger übergibt den Viertlhof an ihre Tochter Katharina und ihren Ehemann Thomas Piechl.

28.7.1746 Katharina Piechl verstirbt ohne ehelichen Erben.

9.6.1747 Thomas Piechl heiratet Anna Steidl zu Ingolfing.

21.10.1754 Nach dem Tod von Anna ist Thomas mit seiner fünfjährigen Tochter Katharina wieder alleiniger Besitzer. Er heiratet Magdalena Hofmayr aus Deisenhofen.

23.5.1757 Auch Magdalena verstirbt bald und er heiratet eine Anna Reiss aus Deining.

16.5.1768 Thomas Piechl hinterlässt seiner Witwe Anna und den Kindern Johann (*23.2.1758) und Anna (*4.6.1764) den zum Kloster Anger gehörigen Viertelhof und »all anderes Vermögen«. Die Witwe heiratet Balthasar Silner von Oberbiberg.

Gschwendtner

23.10.1777   Balthasar Silner wird Witwer.

21.7.1779   Er übergibt den Hof an seinen Stiefsohn Johann Piechl und dessen Ehefrau Magdalena Papst, eine Tagwerkerstochter aus der Lohe.
Nach der Säkularisation gehört der 23,64 Tagwerk große Hof zum Königlichen Rentamt München, an das nun die grundherrlichen Stiften und Gilten und der Bodenzins entrichtet werden müssen, ebenso der Zehent, der vorher zu zwei Drittel an das Kloster Schäftlarn und zu einem Drittel an die Pfarrei Bogenhausen erbracht wurde.

3.4.1814   Johann Piechl stirbt mit 56 Jahren.

29.5.1822   Die Witwe übergibt den leibrechtig grundbaren Hof mit allem Zubehör und 13 Tagwerk ludeigenen Entschädigunsgründen an ihren Sohn Georg (*17.3.1794). Dieser zahlt 550 Gulden Vatergut an seine Geschwister:
Joseph (*17.7.1780), verheirateter Zimmermann,
Anna Maria (*19.9.1782), verehelichte Mayer,
Johann (*6.2.1785), verheirateter Zimmermann,
Thomas (*21.12.1786), verheirateter Zimmermann,
Magdalena (*23.12.1789), verehelichte Franz,
Paulus (*16.10.1791, verheirateter Zimmermann,
Michael (*17.7.1801), ledig, er heiratet am 14.4.1828 Apollonia Heim aus dem Bichlmayergütl (Haus Nr. 11),
Walburga (*21.1.1805), ledig, sie verstirbt am 2.11.1832,
Katharina (*27.10.1796), sie ist bereits am 13.4.1820 verstorben und
Anton (*8.7.1799), er stirbt mit vier Jahren am 12.12.1803.

10.5.1824   Georg Biechl heiratet Theresia Reiter (*26.8.1800) aus Schwabing.
Dem Ehepaar werden zwölf Kinder geboren, von denen aber acht Kinder zwischen einem Tag und zwei Monaten sterben.
Neben der Landwirtschaft (Milchmann) betreibt Biechl auch eine Lohnkutscherei.

12.10.1827   Magdalena Biechl, ehemalige Gschwendtnerbäuerin, stirbt mit 67 Jahren.

23.11.1844   Tod von Georg Biechl (Bichl) mit 50 Jahren.
Die Witwe wird Alleineigentümerin. Von den Kindern leben Maria (*25.4.1825), verheiratete Wolfsteiner, die minderjährigen Georg (*12.7.1830), Franziska (*29.1.1833) und Ottilia (*13.12.1834).

Gschwendtner

10.6.1845	Die verwitwete Theresia Biechl heiratet Bernhard Trini, einen Lohnkutscher aus Ingolstadt. Im Heiratsbrief wird das Anwesen auf 6550 Gulden geschätzt, ist aber mit 6060 Gulden belastet. Es umfasst nun 13 Tagwerk Acker und 9 Tagwerk Wald.
21.11.1846	Die ein zweites Mal Witwe gewordene Therese heiratet den Lohnkutscher Ambros Haider.
18.11.1853	Der ehemalige Wirt Jakob Erlinger erwirbt das Anwesen mit 19 Tagwerk für 5850 Gulden.
23.1.1855	Ambros Haider stirbt mit 50 Jahren an den Blattern (Pocken).
14.3.1857	Peter Kitt, seine Eltern sind Peter und Anna Kitt vom Mayerhof beziehungsweise vom neuen Hof an der Tegernseer Landstraße (siehe Haus Nr. 30), ist neuer Besitzer.
25.5.1857	Peter Kitt (*5.8.1829) heiratet Anna Maria Bichl (*21.12.1829), eine Ökonomentochter vom Bichlmaierhof (Haus Nr. 11).
21.10.1875	Sämtliche Äcker und Wiesen werden verkauft, unter anderem 14 Tagwerk an den Hauserbauer Franz Knoll (Haus Nr. 31).
16.4.1883	Nach dem Tod von Peter Kitt wird seine Witwe Alleineigentümerin des Wohnhauses mit Getreide- und Heustadel und Pumpbrunnen.
10.9.1896	Die verheirateten Töchter Maria Heinz und Therese Janson beerben ihre Mutter.
7.7.1898	Die Stadt München kauft für 28500 Mark das Haus. 1934 wird es beim Durchbruch der Martin-Luther-Straße abgerissen.

Beim Oberpferdarzt, Diemhaus

Haus Nr. 24, später Weinbauernstraße 5, dann Bergstraße 17c, heute Bergstraße 5

Im Katasterauszug von 1812 wird an dieser Stelle eine neues Anwesen erstmals erwähnt. Eigentümer ist der königlich-bayerische Militärschmied und Oberpferdarzt Simon Diem. Es handelt sich also um kein altes Bauernanwesen, sondern um landwirtschaftlichen Besitz, der zu Beginn des 19. Jahrhunderts nach und nach erworben und selbst bewirtschaftet wurde.
Nach dem Matrikelbuch der Heilig-Kreuz-Kirche hat Simon Diem (*17.10.1770) schon 1810 im Haus Nr. 24 gewohnt, dessen Eigentümer der Kreuzwirt Joseph Georg Hagn in München ist (siehe auch Schatzl, Haus Nr. 5, ab 1812), von dem er es am 12.8.1812 erwirbt.

Um 1840 gehören folgende Flächen zum Anwesen:
      6 Tagwerk vom Küchlmayrhof
      8 Tagwerk Erwerb vom Hoffischerhof
      9 Tagwerk vom Münchner Inselwirt
      4 Tagwerk vom Hauserbauerhof (1816)
      5 Tagwerk vom Pragerhof (1817)
      1 Tagwerk vom Mayerhof (1817)
      4 Tagwerk vom Schallerhof (1820)
      2 Tagwerk vom Zehentbauernhof

1.10.1810   Eintrag der Geburt einer unehelichen Tochter namens Josepha. Eltern sind Simon Diem, Realitätenbesitzer und Oberpferdarzt im 1. Kürassierregiment, und Veronika Häusig (*2.9.1785), ledige Haushälterin und Müllerstochter.

26.9.1816   Geburt des unehelichen Sohns Anton, die Mutter ist wieder die Haushälterin Veronika. Anton wird später ebenfalls Regimentsveterinärarzt und ist in der Au, Ackerstraße 14, verheiratet und stirbt mit 43 Jahren am 23.12.1859.

19.12.1819   Geburt des unehelichen Sohns Ernst.

11.12.1822   Philippine, die Frau von Simon Diem, stirbt.

15.12.1827   Simon Diem heiratet Veronika, seine Haushälterin und Mutter seiner drei Kinder.

1.10.1840   Tochter Josepha heiratet Johann Kaspar Reuß (*10.5.1813), einen Veterinärarzt aus Würzburg.

5.3.1842	Deren Tochter Veronika (*21.9.1841) stirbt mit einem halben Jahr.
23.3.1842	Simon Diem stirbt mit 71 Jahren.
7.7.1844	Sohn Georg Joseph Reuß wird geboren.
3.12.1844	Die Witwe Veronika Diem übergibt das auf 8000 Gulden geschätzte Anwesen mit Wohnhaus, Stadel, Stallung und Brunnen an ihren Schwiegersohn Johann Kaspar Reuß.
2.4.1858	Die Regimentsveterinärswitwe Veronika Diem stirbt mit 72 Jahren.
1863–1865	In diesen Jahren werden 13 Tagwerk Felder veräußert.
6.1.1869	Georg Joseph Reuß, Veterinärsarztassistent, heiratet die Ziegeleibesitzerstochter Maria Grundler (*21.2.1851). Die Berufsangabe Ökonom ist im Matrikelbuch nicht mehr enthalten.
23.11.1869	Der Sohn Georg wird geboren. Ihm folgen noch Heinrich (*7.6.1871) und Joseph (*28.6.1872), der aber nur eine Stunde lebt.
1874–1880	Weitere Grundstücke mit nochmals 13 Tagwerk werden verkauft.
1.8.1883	Nach dem Tod von Josepha Reuß wird Johann Kaspar bei der Erbteilung Alleineigentümer des Restbesitzes von 3,96 Hektar (circa 11 Tagwerk).
14.11.1888	Der Enkel Georg beerbt seinen Großvater Johann Kaspar Reuß.
1893	Das Grundstück an der Bergstraße wird vollkommen neu bebaut mit einem Wohnhaus und einem Restaurationslokal, später bekannt als »Bergstuben«, bis 2012 »Kaffee Giesing«.
1897	Reuß verkauft den gesamten Gebäudekomplex, der bis heute noch mehrmals den Eigentümer wechselt.

Metzgerhäusl
Haus Nr. 25, später und bis heute Weinbauernstraße 4

1807 Das Haus mit vier Herbergen entsteht bei der Teilung des Metzgeranwesens (Haus Nr. 43, siehe dort bei 1807).
Das Grundstück ist heute mit einem Wohnhaus bebaut.

Hoffischerbauer, später Weinbauer

Haus Nr. 26, später und bis heute Weinbauernstraße 9

Der Innenhof der Gaststätte »Weinbauer« um 1900.

Grundherr dieses ganzen Hofs ist eine Messstiftung von Konrad Wildbrecht für die Marienkirche, der Vorgängerin des Doms Unsere Liebe Frau zu München aus dem Jahr 1361. Die Patrizierfamilie ist schon 1239 in München ansässig.

1610 und 1612 Jörg (Georg) Kainmiller der Jüngere ist als »Freistifter« im Sal- und Stiftsbuch der Güter der Wildbrechtlischen Messe genannt.

Hoffischerbauer, später Weinbauer

1616–1621	Caspar Schräll
27.12.1640	Benedikt Hainzinger »veranlaiter freystiftsweis« mit allen seinen Zugehörigkeiten führt jährlich als Gilt ab: 25 Gulden, 100 Eier, 4 Hühner, 1 Gans, Stiftgeld 6 Pfennig. In den Folgejahren bleibt er mehrmals seine Gilt schuldig. Die offene Summe beträgt 1666 121 Gulden.
20.7.1697	Caspar Schellenschlager aus Eching gebürtig erhält Kraft erteilten Briefs die »veranlaite Freistift« gegen 18 Gulden, 2 Hühner, 1 Gans, 50 Eier und 4 Pfennig Stiftgilt. Er ist mit Maria Schrall verheiratet.
6.3.1713	Schellenschlager und seine Frau verkaufen den Hof für 1900 Gulden an Carl Ignatz Gebhardt, Hoffischer und Bürger in München. Der Käufer wird damit zum Namensgeber für den Hausnamen. Die kurfürstliche Hoffischerei befand sich mit ihren Fischteichen und Fischwassern in der unteren Falkenau (heute zwischen Falken-, Tauben- und Nockherstraße). Ein Michael Gebhart ist schon 1480 herzoglicher Fischmeister. Carl Ignatz ist seit 20.6.1712 mit Magdalena Miller verheiratet. Ein Sohn Georg wird am 25.9.1713, ein Sohn Benno am 8.6.1715 geboren.
6.8.1726	Der inzwischen verwitwete Carl Ignatz heiratet Maria Felicitas Spitzhofer von Tölz. Die beiden haben drei Kinder: Franz (*1.6.1727), Thomas (*19.12.1731) und Joachim (*5.6.1733). Nach den Martrikelbucheinträgen wohnt die Familie aber nicht in Obergiesing, sondern in der Hoffischerei in Niedergiesing (Au).
27.3.1737	Die Hoffischerbäuerin Maria Felicitas verstirbt.
9.6.1752	Carl Ignatz Gebhart verkauft den Hof an den Kammerdiener der Excellenz von Königsfeld für 2500 Gulden.
3.10.1755	Valentin Götzlmann, Hartschier in der Leibgarde, und seine Ehefrau Johanna erwerben den Hof um 1900 Gulden von der Witwe Maria Kunigunde von Aichler, die das Anwesen zwischenzeitlich angekauft hat.
25.9.1781	Johann Jakob Pongratz aus München und seine Frau Anna Franziska ersteigern den Hoffischerhof für 400 Gulden. Die Vorbesitzer sind im Protokoll nicht genannt.
15.3.1783	Der Hof wird abermals für 400 Gulden versteigert. Der Käufer ist Nachbar Johann Gebhard vom Pragerhof (Haus Nr. 27). Mit der Hoffischerfamilie ist er nicht verwandt. Die Schreibweise des Namens (Gebhardt, Gebhart oder Gebhard) wechselt. Als jährliche Gilt gibt er 25 Gulden, dazu 2 Kreuzer

Hoffischerbauer, später Weinbauer

Stiftgeld und als Küchendienst 100 Eier oder 40 Kreuzer, 4 Hühner oder 32 Kreuzer, 1 Gans oder 24 Kreuzer.

8.2.1786 Johann Gebhart übergibt diesen Hof an seinen ältesten Sohn Joseph (*14.7.1763). Dieser hat bereits am 13.10.1783 Anna Maria Mayr (*8.7.1762), die Tochter von Melchior Mayr, Schrannenknecht und Besitzer des Schrannerbauernhofs (Haus Nr. 15) geheiratet.
Die beiden haben zusammen 13 Kinder, von denen jedoch sechs jeweils kurze Zeit nach der Geburt sterben.

21.5.1798 Joseph Gebhart erwirbt für 1200 Gulden vom Benfiziaten der Wildprechtlschen Messstiftung das Grundeigentum am Hoffischerhof.

12.4.1799 Joseph Gebhard und seine Frau verkaufen die Hälfte des Hoffischerhofs mit allem Inventar als Hoffischerhalbgut für 5300 Gulden an Michael Dainl, den ehemaligen Hofwirt von Markt Schwaben, und dessen Ehefrau Anna Maria.

11.10.1799 Michael Dainl bittet um Genehmigung, für die Aufteilung seines halben Hofanteiles in zwei Hälften.

24.10.1799 Die Eheleute Gebhard erwerben zusätzlich die Hälfte des Schatzlhofs (Haus Nr. 5).

7.2.1800 Die eine Hälfte des Hofanteils veräußert Michael Dainl an die Eheleute Joseph Neumayr.
Wegen seiner Schulden (Schuldbrief über 1500 Gulden vom 20.5.1801) bittet Joseph Neumayr ebenfalls um Zustimmung seinen halben Hofanteil (ein Viertelanteil) in zwei selbstständige Achtelgüter aufzuteilen, die nach 1802 einzeln weiterverkauft beziehungsweise versteigert werden.

5.3.1801 Joseph Gebhard, nun auch Schatzlbauer genannt, erwirbt für 3500 Gulden die Gebäudeanteile des Hoffischer mit zwei Hausgärten von Dainl zurück.

20.3.1801 Joseph Gebhard kauft für 1000 Gulden auch die Grundstücksanteile zurück. Hof und Grundstücke sind damit wieder alle in der Hand von Gebhard bis auf den abgetrennten Teil der Eheleute Neumayr.

23.4.1826 Anna Maria Gebhard wird zu Grabe getragen.

6.6.1828 Witwer Gebhard verkauft für 4000 Gulden sein »reluirt Anwesen zum Hoffischer«, bestehend aus Haus und Garten, 37 Tagwerk Acker, 1 Tagwerk Wiesen, 17 Tagwerk Wald, dazu 17 Tagwerk Acker zum Beneficium Höhenkirchen bodenzinsig (am 22.7.1807 aus dem Sturmhof, Haus Nr. 35, erwor-

Hoffischerbauer, später Weinbauer

ben), sowie sämtliche Haus- und Baumannsfahrnis an Jakob Dick von Ruppertsberg in der Pfalz. Jakob Dick (*1790) ist seit dem 14.5.1814 mit Barbara Schulz (*1795) verheiratet.

Jakob Dick richtet auf dem Anwesen eine Wirtschaft ein und verkauft dort seine eigenen Pfälzer Weine. Nach dem Hausnamen Hoffischer und zeitweise auch Schatzl, nach dem kurzfristigen Mitbesitzes dieses weiteren Hofs, bürgert sich nun der Hausname Zum Weinbauern ein.

6.12.1828 Joseph Gebhard kauft von Jakob Dick mehrere Äcker und Wiesen zurück, die er in das schon am 6.4.1825 in Untergiesing an der heutigen Pilgersheimer Straße 28 erworbene landwirtschaftliche Anwesen einbringt. Da Gebhard nicht des Schreibens kundig ist, zeichnet er die Urkunde mit einem Kreuz. Das Anwesen in Untergiesing wird zeitweise auch das »Schatzlgut« (siehe Pilgersheimer Straße 28) genannt. Gebhard stirbt am 26.6.1839.

21.6.1859 Jakob Dick, Ökonom zum Weinbauern, verstirbt.
Der Sohn Adrian (*24.5.1822) übernimmt den Besitz. Er ist mit Creszenz Gehring verheiratet. Von ihren fünf Kindern überleben nur zwei das Kleinkindalter.
Adrian vergrößert das Haus und baut einen Stadel in ein Brennhaus um.

29.12.1862 Adrian Dick veräußert das Anwesen mit 74 Tagwerk an der Weinbauernstraße um 59000 Gulden an Wilhelm und Walburga Kanzler.
Wilhelm Kanzler besitzt seit 1849 das Münchner Bürgerrecht, wird 1879 in den Magistrat gewählt und ist Kirchenpfleger der Kirchenstiftung Heilig Kreuz Giesing.

18.7.1871 Walburga Kanzler verunglückt mit einer Kutsche an der Mühlbachstraße in Untergiesing, unterhalb der neuen Eisenbahnbrücke, weil das Pferd durch den Lärm einer vorbeifahrenden Bahn scheut, die Kutsche umwirft und die Insassen unter sich begräbt. Der mitfahrende Sohn kommt mit leichten Blessuren davon.

1.7.1879 Wilhelm Kanzler übergibt das Wohnhaus mit den Gastwirtschaftslokalitäten an seinen Sohn Anton. Dazu gehören noch 8,141 Hektar Grundstücke.

29.7.1879 Anton Kanzler (*2.11.1856) heiratet Katharina Dorn (*30.6.1858).

12.6.1893 Erwerb des Nachbargrundstücks Weinbauernstraße 10 (heute Nr. 13) und 1899 Errichtung eines malerisches Wohnhaus im »altdeutschen« Renaissancestil. An dieser Stelle stand ursprünglich der Pragerbauernhof (Haus Nr. 27).

Hoffischerbauer, später Weinbauer

	Das Lokal zum Weinbauer wird ab 1899 durch Pächter bewirtschaftet.
1914	Nach dem Tod von Katharina wird Anton Alleineigentümer beider Anwesen.
1.6.1923	Verkauf der letzten Grundstücksfläche des ehemaligen Bauernhofs mit 5,256 Hektar für 1 000 000 Mark.
1.7.1925	Der Evangelische Verein München Giesing e. V. erwirbt den Weinbauernhof für 80 000 Reichsmark als Gemeindehaus.
25.6.1927	Eine Erbengemeinschaft wird nach dem Tod von Anton Kanzler Eigentümer des Hauses Weinbauernstraße 13. Sie besitzt es auch noch nach dem Zweiten Weltkrieg.

Pragerbauer

Haus Nr. 27, später Weinbauernstraße 10, heute Weinbauernstraße 13

23.12.1418 Der Osterhof, später Pracher oder Pragerbauer genannt, wird zusammen mit anderen Höfen und Besitzungen in Ober- und Niedergiesing von dem Münchner Bürger Hans Piermeyder und seiner Ehefrau Elsbet für 460 neue ungarische Gulden an das St. Klara-Kloster auf dem Anger in München verkauft.

1455 Thomas Schwabl sitzt auf dem Hof, der 34 ½ Tagwerk Gärten und Wiesen und 31 ½ Joch Äcker umfasst. Er entrichtet 60 Pfennig Gilt, 12 Pfennig »Weisat«, dazu 2 Scheffel Roggen, ½ Scheffel Weizen, ½ Scheffel Gerste und 4 Scheffel Haber.

29.8.1505 Linhart (Leonhard) Eckhardt erhält den Stiftsbrief. Das Kloster hat den im Landshuter Erbfolgekrieg zwischen Bayern und der Pfalz entstandenen Brandschaden ausgebessert und alles »hiezu Erforderliche, wie Holz, Bretter, Latten, Nägel und Taglohn« bestritten.

1.2.1527 Caspar Hofmann erhält vom Kloster den Osterhof. Als Zins hat er dem Kloster jährlich den dritten Teil des Getreides oder eine nach der Kornschau zu vereinbarende Menge Getreide auf den St. Gallustag (16. Oktober) nach München zu liefern, ferner 60 Pfennig Wiesgilt, 12 Pfennig Stiftgilt, 12 Pfennig »für eine Hochzeit« zu entrichten und 100 Eier, 6 Hühner und 2 Gänse zu leisten.

24.2.1549 Hans Hofmann, vermutlich der Sohn, erhält den Hof zu den gleichen Bedingungen.

1580 Georg Schoftlmaier ist wahrscheinlich der nächste Besitzer.
Er leistet als Zins 4 Schilling Wiesgilt, 12 Pfennig Stiftgilt, 12 Pfennig Hochzeit, 100 Eier, 6 Hühner, 2 Gänse, ½ Scheffel Weizen, 1 Scheffel Korn, 1 Scheffel Gerste und 2 Scheffel Haber.

1613 Linhart (Leonhard) Ertl erhält als Nächster den Stiftsbrief und bleibt bis 1635 auf dem Hof.

1635 Nachfolger bis 1648 ist Christoph Schestl.

1648 Wolf Streicher und seine Frau Catharina kaufen den Hof für 30 Gulden und zinsen 42 Kreuzer Gilt, 8 Kreuzer Stiftgilt, 100 Eier, 6 Hühner, 2 Gänse, ½ Scheffel Weizen, 1 Scheffel Korn, 1 Scheffel Gerste und 2 Scheffel Haber.

Pragerbauer

1667	Sohn Christoph Streicher und seine Frau Anna übernehmen den Hof für 50 Gulden.
6.6.1714	Witwe Anna Streicher überlässt ihrem Sohn Wolf (Wolfgang) den Hof. Er erhält das Leibrecht für 70 Gulden.
9.7.1714	Wolfgang Streicher heiratet Maria, die Tochter von Andreas und Ursula Streicher in Deining.
11.9.1745	Nach dem Ableben von Wolfgang Streicher übergibt die Witwe den Hof an die älteste Tochter Magdalena (*10.7.1716) und deren Ehemann Thomas Frey.
1761/1762	Im Matrikelbuch der Heilig Kreuz-Kirche ist die Witwe Magdalena Frey, genannt »Pracherbäuerin«, als Taufpatin zweier Kinder vom Zehentbauer eingetragen. Die Herkunft des Hofnamens ist nicht bekannt.
6.6.1764	Nach dem Tod von Thomas Frey beim Prager Hof zu Obergiesing verkauft die Witwe mit den vier Kindern Valentin, 20 Jahre, Barbara (*16.9.1746), Joseph (*18.7.1748) und Katharina (*24.11.1753) den ganzen Hof »samt allen zu Dorf und Feld und aller Paumannsfahrnis« für 300 Gulden und Zahlung aller grundbaren Außenstände an Johann Gebhard und seine Frau Felicitas Koelbl.
8.2.1786	Johann und Felicitas Gebhard übergeben den inzwischen erworbenen zweiten Bauernhof beim Hoffischer (Haus Nr. 26) ihrem ältesten Sohn Joseph (*14.7.1763).
13.1.1792	Nach dem Tod von Felicitas Gebhard überlässt der Witwer den Pracherhof seinem jüngsten Sohn Johann (*5.4.1770). Dessen Bruder Nikolaus (*30.1.1768) wird ausbezahlt.
6.2.1792	Johann Gebhard heiratet Anastasia, die Tochter von Heinrich Obermayr, Bauer zu Wolfersberg.
22.2.1797	Johann stirbt mit 26 Jahren. Er hinterlässt drei Kinder: Johann (*9.1.1793), Maria (*4.1.1794) und Anastasia (*19.10.1795), die noch im gleichen Jahr wie ihr Vater am 10.11. zu Grabe getragen wird. Ein weiteres Kind, Franz, kommt nach dem Tod des Vaters am 12.8.1797 zur Welt, stirbt aber auch nach zwölf Wochen am 7.11.1797.
19.4.1797	Witwe Anastasia heiratet gleich nach dem Tod ihres Mannes Andreas Brandstetter aus Brunnthal.

Pragerbauer

              Die beiden haben drei Kinder: Simon (*27.10.1798), Maria (*6.10.1800) und Andreas (*19.4.1803).

4.7.1803   Andreas Brandstetter verkauft um 2200 Gulden den Hof an die Rheinpfälzer Peter Herzog und Theobald Jung aus Donnerburg im Bezirk Speyer. Peter Herzog ist mit Barbara Fürst verheiratet. Beide sind protestantischer Religion wie das Matrikelbuch vermerkt.

23.1.1806   Theobald Jung und seine Frau Susanne verkaufen ihren halben Hofanteil für 2250 Gulden an den Hauserbauer Johann Knoll, Haus Nr. 31.

20.10.1807   Johann Knoll löst das Grundeigentum des Angerklosters für seinen Teil der Grundstücke ab.

11.2.1808   Peter und Barbara Herzog teilen ihren halben Hofanteil und verkaufen ein Achtelgütl an Peter Fürst, der ebenfalls aus Donnerburg stammt, und seine zukünftige Frau Barbara Jung, die Tochter von Theobald Jung.

26.10.1808   Johann und Katharina Knoll übergeben ihren halben Anteil an ihren Sohn Johann junior und dessen angehende Ehefrau Katharina Vonderschmid aus Herxheim. Die Bezeichnung als Sohn von Johann Knoll in der Urkunde widersprechen den Angaben im Matrikelbuch von Herxheim. Dort wird Johann als Sohn von Stephan Knoll, einem Bruder des Johann Knoll, verzeichnet (siehe dazu Hauserbauer, Haus Nr. 31).

1816/1817   Johann Knoll junior verkauft 8 Tagwerk Ackerflächen aus seinem Hofanteil an Simon Diem (Haus Nr. 24) und Joseph von Utzschneider (Michlbauer, Haus Nr. 12 und Warthof, Haus Nr. 129).

16.4.1817   Peter Fürst veräußert für 800 Gulden seinen Grundstücksanteil mit dem Haus Nr. 27 an Peter Herzog. Dieser besitzt wieder die Hälfte des Pragerhofs.

29.1.1818   Johann Knoll junior verkauft seine restlichen Grundstücke am »Prager« an Peter und Barbara Fürst für 1000 Gulden, dazu den vierten Hausanteil vom Hauserbauernhof.
Er bleibt aber mit seiner Frau und seinen vier Töchtern in Giesing. Seine Frau Katharina stirbt am 14.2.1823, sein einziger Sohn Johann (*1820) am 21.3.1823.

24.4.1819   Rückkauf der Äcker des Pragerhofs durch Johann Knoll senior um 750 Gulden. Den vierten Hausanteil des Hauserbauern verkauft Fürst zum Preis von 650 Gulden an Andreas Haid, einen neuen Mitinhaber des Hauserbauern.

Alleiniger Besitzer des Prager Bauernhofs ist nun Peter Herzog.
Die Grundstücksanteile von Johann Knoll kommen zu seinem Besitz beim Hauserbauern.

23.1.1825 Der Sohn Melchior Herzog (*1797), ein Tagelöhner laut Matrikelbuch, heiratet Emilie Emlich (*1799).

15.12.1827 Die Tochter Margarethe (*4.10.1803) erhält bei ihrer Hochzeit mit Anton Heilmann aus Hohenwart, Landgericht Schrobenhausen, als Heiratsgut einen Bauplatz.

12.7.1833 Peter und Barbara Herzog vertauschen den Pragerhof mit 27 Tagwerk Acker an Korbinian Holz aus der Lohe. Sie erhalten dafür dessen ludeigene Herberge und 4000 Gulden Tauschaufschlag.
Nach dem Tod von Peter 1835 erhält der Sohn Nikolaus Herzog mit Zustimmung seiner Geschwister diese Herberge. Barbara stirbt als Taglöhnerswitwe am 28.11.1847 mit 74 Jahren.
Korbinian Holz (*27.9.1793) hat am 30.4.1818 Anna Schmalzl (*15.4.1789) geheiratet.

3.8.1838 Korbinian Holz veräußert die Grundstücke des Pragerhofs mit 25 Tagwerk an den Liquidations Aktuar Anton Prantl und dessen Gemahlin Anna zum Preis von 2360 Gulden. Das angebaute Korn wird dem Käufer überlassen.
Anton Prantl (*10.5.1795) ist seit 13.6.1835 mit Anna Hautmann, Hofbildhauerstochter (*16.12.1808), verheiratet. Ihm gehört das sogenannte Seminarschlössl in der Pilgersheimer Straße. Das erste Kind der beiden, Ludovika (*3.11.1836), ertrank am 5.5.1838 im Gartenteich des Hauses.
Die erworbenen landwirtschaftlichen Grundstücke aus dem Pragerhof werden in späteren Jahren an verschiedene Bauern in Giesing weiterverkauft.

10.7.1854 Anna Holz, die ehemalige Pragerbäuerin, verstirbt. Korbinian Holz wird Alleinerbe. Das Muttergut für die vier Kinder Simon, Anna, Theres und Maria wird mit 1800 Gulden ausbezahlt.

23.2.1856 Korbinian Holz verkauft das Wohnhaus mit Stadel und Brunnen an der Weinbauernstraße um 4000 Gulden an den Ökonomen Johann Schmotz.

7.1.1862 Nach dem Tod des Witwers Johann Schmotz am 19.8.1861 veräußern die Erben das Haus an die Ökonomen Joseph und Anna Spindler aus Potzham.

20.11.1890 Der Rest des Wohnhauses mit dem Hausgarten wird vom Kloster der Armen Schulschwestern erworben, eine Restfläche vom Nachbarn Anton Kanzler (Haus Nr. 26).

Paulanergütl

Haus Nr. 28, später Weinbauernstraße 1, heute Weinbauernstraße 16

30.9.1483   In einem Stiftungsbrief werden die Besitzungen und Stiftungen, die zur Heilig-Kreuz-Kirche in Giesing gehören, zusammengefasst und ein Benefizium errichtet. Damit erhielt das Dorf Giesing einen eigenen Ortsgeistlichen, der in dem »von der Nachbarschaft« der Stifter übertragenen Gütl, dem Kaplanshof wohnte. Zu dem Hof gehörten 10 ½ Juchert Acker, ein Anger mit ½ Tagwerk und 12 Tagwerk Wiesen.

5.4.1633   Durch die Abtrennung des Filialkirchenbezirks Giesing von der Pfarrei Bogenhausen und der Übergabe der Seelsorge an die Paulaner Mönche in der Au, wird das zum Benefizium in Giesing gehörende sogenannte Kaplansgütl dem Paulanerkloster übergeben.
Über die Art der Bewirtschaftung des Bauerngütls finden sich so gut wie keine Hinweise.

16.2.1722   Georgen Schwager von Sendling vereinbart mit dem Paulanerkloster für das »Zeichinger Gütl Caplanhaus« einen Zehent auf sechs Jahre mit zusammen 265 Gulden. Das Gütl wird offensichtlich nicht mehr vom »Benefiziaten« in Obergiesing bewirtschaftet.

25.7.1780   Im Matrikelbuch der Heilig-Kreuz-Kirche ist der Tod von Rosina Matheisin, Baumeisterin auf dem Paulaner Hof, vermerkt.

1.6.1799   Aus wirtschaftlichen Gründen bitten die Paulaner um Auflösung des Klosters. Der Klosterbesitz wird ab 1802 versteigert.

6.10.1802   Michael Wagmüller, Spiesmüller in der Au, protokolliert den Kauf des Viertelhofs, des sogenannten Zeichinger Guts zu Giesing, von dem Konvent der Paulaner zu Neudeck für 1700 Gulden, das er nicht für sich, sondern für Franz von Schrödl erworben hat.
Übernommen werden nur Teile der Äcker, die dann im Grundstückskataster beim Schallerhof (Haus Nr. 36) in Giesing aufgenommen und dort mit bewirtschaftet werden.

1812   Im Grundkataster ist der Apotheker Joseph Schratzenstaller als Eigentümer von weiteren Grundstücken des Gütls mit 20,89 Tagwerk vermerkt. Zum Besitz gehört kein Gebäude.

Diese Äcker, Wiesen und Holzentschädigungsgründe werden später im Gantverfahren für 1000 Gulden an den Bruder Christoph des Apothekers Schratzenstaller überlassen und später weiterveräußert.

13.6.1813 Franz Xaver Schrödl ersteigert von der Gemeinde Obergiesing für 1100 Gulden jetzt auch das Haus des sogenannten Paulanergütls, bestehend aus dem größtenteils zusammengefallenen Haus, dem Stadl und den Stallungen und einem Hausanger.
Die Gemeinde hat inzwischen für ihren Priester ein geeigneteres neues Haus mit Schulräumen an der Silberhornstraße gebaut.

1.10.1819 Franz Xaver Schrödl stirbt mit 55 Jahren.

19.4.1821 Seine Erben (»Schrödlsche Relikten«) veräußern 10 Tagwerk Acker für 1300 Gulden an einen Ziegeleibesitzer in Ramersdorf.

16.7.1821 Das ganzgemauerte Haus Nr. 28 (offensichtlich ein Neubau) wird mit dem Hausanger und 11 Tagwerk Grund an Simon Stürzer, Milchmann zu Haidhausen, von den Erben für 1240 Gulden verkauft.
Simon (*1791) ist seit 20.8.1821 mit Walburga Wöhrmann (*1.4.1792) verheiratet.
Das Haus wird geteilt und in der Mitte abgetrennt und der abgeschnittene Stadlteil (Haus 28 ½) durch Johann Baptist Eberl bewohnbar gemacht. Er hat am 18.5.1835 Maria Pauly aus dem Ostermaierhof geheiratet.

3.4.1861 Nach mehreren Besitzerwechseln erwerben Franz Knoll, Hauserbauernsohn (Haus Nr. 31) und Theres Bichl, Bichlmaiertochter (Haus Nr. 11), um 5510 Gulden das Anwesen mit 13 Tagwerk Grund, das sie nach ihrer Heirat am 22.7.1861 bis zu Übernahme des Hauserbauerhofs 1863 auch bewohnen. Das Haus wird in der Folge ein Spekulationsobjekt und wechselt mehrfach den Eigentümer.

23.8.1871 Der Ökonom Johann Rauch erwirbt bei einer Zwangsversteigerung das Haus und die Grundstücke um 6010 Gulden.
Er stammt aus einer Familie, die bereits vor 50 Jahren an der Tegernseer Land-, Kistler- und Sägstraße Grundstücke aufgeteilt und in kleinen Parzellen ab 3 Dezimal (circa 100 Quadratmeter) weiterverkauft haben.

1872 Auch aus diesem Anwesen werden die Grundstücke an verschiedene Käufer veräußert. Der Restbesitz beim Haus beträgt nur noch ein halbes Tagwerk.

Auf dem Grundstück steht bis zum Zweiten Weltkrieg ein Wohnhaus mit der Gastwirtschaft »Zum Linderhof« samt einer Kegelbahn.

Lechner- oder Lehnerbauer
(früher Lindenhueb)

Haus Nr. 29, später Schulhausgasse 11, dann Silberhornstraße, heute Martin-Luther-Straße 4

Links der Hausbauernhof, in der Bildmitte der Lehnerbauernhof, vorne rechts die späteren Ausbauten am Mayerhof.

23.12.1418 Die Lindenhueb, der spätere Lehnerbauer, gehört zu den Höfen und Besitzungen in Ober- und Niedergiesing, die das St. Klara-Kloster auf dem Anger zu München von dem Bürger Hanns Pirmeyder und seiner Ehefrau Elspet für 460 neue ungarische Gulden gekauft hat.
Peter Eysvogel ist als Besitzer auf dem Hof genannt.

1455 Georg Eysvogl »bemaiert« den Hof mit 22 Tagwerk Gärten und Wiesen und 30 Joch Äcker. Er »reicht« dem Kloster 24 Pfennig Gilt, 12 Pfennig Stiftgilt, 100 Eier, 4 Hühner, 1 Gans, ½ Scheffel Weizen, 2 Scheffel Roggen, ½ Scheffel Gerste und 4 Scheffel Haber.

Lechner- oder Lehnerbauer

1.9.1505	Lehensbestätigung für Heinz Mayr über die Lindenhueb und das Scheffllehen (Gschwendtner, Haus Nr. 23). Beide Güter waren im Krieg von den Pfalzgrafischen in Brand gesteckt worden (Landshuter Erbfolgekrieg). Die Äbtissin des Angerklosters hat den Hof wieder herstellen lassen.
1516	Paul Neufärber ist als Besitzer der Hueb vermerkt.
1529	Hans Sibrer gibt für die Hueb 24 Pfennig Wiesengilt, 12 Pfennig Stiftgilt, 12 Pfennig bei der Hochzeit, 50 Eier, 4 Hühner, 1 Gans, vom Getreide ein Drittel.
24.2.1549	Andreas Rieger bestätigt dem Angerkloster die Freistift für die Lindenhueb erhalten zu haben. Als Zins hat er alljährlich auf den St. Gallustag (16. Oktober) den dritten Teil des Getreides oder eine nach der Kornschau zu vereinbarende Menge Getreide nach München ins Kloster zu liefern. Ferner hat er 24 Pfennig Wiesgilt, 6 Pfennig Stiftgilt, 12 Pfennig für eine Hochzeit zu entrichten und 50 Eier, 4 Hühner und 1 Gans zu leisten.
1631	Linhardt Zäherl reicht Stift und Gilt. Beim schwedischen Einfall aber werden die Abgaben unterbrochen.
1635	Hans Lechner ist auf den Hof gezogen, der »ganz Edt gewesen«, eine Folge der Plünderungen durch die Schweden im 30-jährigen Krieg. Die Familie bestimmt den späteren Hausnamen beim Lechner.
1660	Sein Sohn Hans Lechner erwirbt mit seiner Frau Sabina das Leibrecht für 40 Gulden.
1679	Hans Lechner und seine zweite Frau Anna erhalten das Leibgeding für 20 Gulden. Die Stift wird »reguliert« auf 2 Gulden Gilt, 8 Kreuzer Stiftgilt, 50 Eier, 4 Hühner, 1 Gans, ½ Scheffel Weizen, ½ Scheffel Korn, ½ Scheffel Gerste, 1 Scheffel Haber.
1694	Nach dem Tod von Hans Lechner hat die Witwe Anna Thomas Mittermaier geheiratet, der auch das Leibgeding für 40 Gulden erhielt.
17.5.1706	Nach dem Tod von Anna heiratet der Witwer Thomas Mittermaier eine Maria Gerbl aus Oberföhring. Sie erhalten das Leibgeding für 35 Gulden. Die Stiefkinder Franz, 26 Jahre, Ulrich, 22 Jahre, Georg, 14 Jahre, bekommen 60 Gulden Muttergut.
31.7.1713	Nach dem Tod von Maria erhalten die Kinder aus dieser Ehe, Hanns (*18.11.1708) und Agatha (*8.11.1710), ein Muttergut von 230 Gulden.
29.1.1714	Thomas heiratet in dritter Ehe Magdalena Traxler aus Neuried. Sie erhalten für 30 Gulden das Leibgeding.

Lechner- oder Lehnerbauer

22.9.1716 Nach dem Tod von Thomas Mittermaier zahlt die Witwe der Tochter Magdalena (*29.3.1716) und den Stiefkinder Hans und Agathe 315 Gulden Vatergut.

7.1.1717 Die Witwe Magdalena heiratet Joseph Doll aus Oberbrunn, Gericht Starnberg, der 350 Gulden in die Ehe mitbringt und das Leibrecht für 50 Gulden erhält.

8.8.1729 Joseph und Magdalena verkaufen den Hof für 1200 Gulden an Hacklmüller Franz und Katharina Schmäder. Für Anfall sind 64 Gulden, für die Abfahrt 32 Gulden zu erlegen. Schmäder erhält das Leibgeding für 100 Gulden, zieht aber nicht in den Hof ein.
Die Hacklmühle stand in der Liebherrstraße im Lehel.

29.3.1740 Nach dem Tod von Franz Schmäder wird die Leibgerechtigkeit nicht der Witwe Maria Anna (seine zweite Ehefrau!) erteilt, sondern der Sohn Martin erhält die Leibgerechtigkeit für 200 Gulden.
Der Hof wird von Baumeistern verwaltet. In den Matrikelbüchern ist ab 1763 bis 1771 ein Georg Hartl und seine Frau Barbara als Baumeister auf dem Hacklmillerhof aufgeführt.

10.10.1776 Die Witwe von Martin Schmäder und die Vormünder der vier Hacklmillerschen Kinder verkaufen die sogenannte Lindnerhub an den direkten Nachbarn Joseph Huber, Mayerbauer zu Obergiesing (Haus Nr. 30), und dessen Ehefrau Elisabeth Liebhart. Sie erhalten die Leibgerechtigkeit für 575 Gulden.
Elisabeth stammt aus Otterfing. Die beiden sind seit 14.2.1774 verheiratet.

12.9.1803 Die Tochter Sabine Huber (*10.2.1777) heiratet Michael Strobl aus Schongau und wird Lehnerbäuerin.
Von den sieben Kindern aus dieser Ehe sterben fünf im Kindesalter.

20.10.1807 Das Obereigentum am Hof wird vom Ehepaar Strobl abgelöst. Zum Anwesen gehören 74,03 Tagwerk Acker.

29.11.1814 Michael Strobl stirbt mit 36 Jahren.

19.6.1815 Die Witwe Sabina heiratet Anton Rattenhuber (*21.1.1780), den Bauernsohn beim Schmid in Salmdorf. Die Kinder Kaspar (*15.4.1807), Kreszentia (*16.6.1811) und Ottilia (*8.5.1813, † 20.12.1815) erhalten als Vatergut 650 Gulden. Sabine hat vermutlich darum schon am 8.3.1815 6 Tagwerk Ackergründe an den Sollerbräu Karl Wagner für 700 Gulden verkauft.

Lechner- oder Lehnerbauer

9.8.1819 Sabine stirbt mit 42 Jahren. Neben den Kindern aus der ersten Ehe erhalten auch die beiden Kinder Anna Maria (*12.8.1817) und Georg (*7.2.1819) aus der zweiten Ehe ein Muttergut über 700 Gulden.

9.11.1819 Anton Rattenhuber heiratet Anna Lex (*19.5.1784) vom Zehetmayrhof in Langengeisling im Landgericht Erding. Den beiden werden noch vier Kinder geboren.

10.8.1834 Der Lehnerbauer Anton Rattenhuber stirbt mit 54 Jahren. Die Erbin des Hofs wird seine Witwe Anna.
Tochter Anna Maria (*12.8.1817) heiratet um 1844 Simon Filser, einen Ökonomen und Milchmann auf Haus Nr. 55, später Tegernseer Landstraße 21.
Sohn Georg (*7.2.1819) heiratet am 3.2.1847 die Taglöhnerswitwe Josepha Kugler, Besitzerin des Hauses Nr. 71, später Friedhofstraße, heute Aignerstraße 24. Bereits am 12.5.1851 heiratet er wieder die Bauerntochter Maria Ruß (*7.3.1816), aus Deining. Im Matrikelbuch ist er als Hausbesitzer des Anwesens Nr. 41 (später Tegernseer Landstraße 9, heute Tegernseer Landstraße 103) mit der Berufsangabe Taglöhner aufgeführt.

12.11.1846 Durch Erbvergleich wird Sohn Anton (*19.11.1820,) Eigentümer des Lehnerbauernhofs mit 46 Tagwerk Acker, 3 Tagwerk Wiesen, 11 Tagwerk Holz und Bauplätzen. Der Wert des Anwesens wird auf 10 700 Gulden geschätzt. Seine Geschwister Peter, Anna und Magdalena erhalten je 1000 Gulden Elterngut.
Peter Rattenhuber (*27.6.1824), Zimmermann, heiratet am 15.7.1850 die Maurerstochter Anastasia Grasberger (*31.5.1825). Er hat neben dem elterlichen Anwesen neu gebaut: Haus Nr. 62a, später Schulhausgasse 12.
Über den Lebensweg der Tochter Anna (*29.4.1822) ist nichts bekannt.
Tochter Magdalena (*21.7.1826) stirbt unverheiratet am 10.12.1857 mit 31 Jahren.

14.5.1849 Verkauf der Bauplätze an der heutigen Weinbauernstraße, unter anderem um 511 Gulden, an den Tischlermeister Stephan Denk, den Begründer des gleichnamigen Bestattungsinstituts.

21.5.1861 Heirat von Anton Rattenhuber mit Maria Ferstl (*27.6.1813), Bauerntochter aus Isen.

Lechner- oder Lehnerbauer

4.1.1864	Die Ökonomenwitwe Anna Rattenhuber verstirbt mit 79 Jahren.
1865	Rattenhuber veräußert 7,5 Tagwerk Acker und Wiesen.
21.3.1867	Martin Brandhofer (*26.10.1843) aus Trudering erwirbt den Lehnerbauernhof, ein Wohnhaus mit Pferdestallungen, 2 Getreidestadel unter einem Dach, offene Wagenhalle mit daran anstoßender offener Remise, Pumpbrunnen, Hofraum mit Gras- und Wurzgarten und 10,614 Hektar Grundflächen.
22.11.1869	Martin Brandhofer heiratet Anna Glas (*26.9.1842), Huberbauerntochter von Potzham.
1895	Auf dem Hofgrundstück werden ein weiterer Pferdestall, eine Remise und ein Maschinenschuppen gebaut.
26.7.1909	Nach dem Tod von Anna und Martin Brandhofer erben die Söhne Martin, ein Fuhrwerksbesitzer, Emil, ein Spediteur, Otto ein Fuhrmann und die Tochter Anna, verheiratete Göbl, eine Metzgersmeisterehefrau, das Anwesen.
21.1.1910	Bei der folgenden Erbauseinandersetzung werden Martin, Emil und Anna Eigentümer zu je einem Drittel.
18.10.1915	Nach dem plötzlichen Tod von Emil geht dessen Drittelanteil an seine Ehefrau Katharina und die Kinder Anna (*14.5.1909) und Emil (*1.7.1911) über.
30.6.1921	Anna Göbl veräußert ihren Anteil an den Baumeister Otto Rieger.
8.9.1922	Im Wege der Auseinandersetzung der Grundstücksgemeinschaft wird das letzte Grundstück ebenfalls von Otto Rieger übernommen und Martin Brandhofer wird Alleineigentümer des Hofs mit 0,213 Hektar.
18.2.1925	Die Protestantische Kirchenstiftung München-Giesing erwirbt den Lehnerbauernhof um 33 000 Mark und baut darauf die Lutherkirche und einen Pfarrhof.

Mayerbauer

Haus Nr. 30, Haus Nr. 30 1/2, später Schulhausgasse 13–17,
heute Martin-Luther-Straße 2

Der mächtige Mayerbauernhof (rechts) zwischen 1896 und 1900.

Dieser Hof gehörte zum Stiftungsvermögen der Filialkirche Heilig Kreuz zu Giesing. »Mayer« ist sowohl der Namen für einen ganzen Hof, als auch die Bezeichnung des Verwalters eines großen Hofs.

30.9.1483   Die Kirchenpröbste zu Obergiesing (entspricht heute den Kirchenpflegern) stellen den Stiftungsbrief über eine ewige Messe in der Heilig-Kreuz-Kirche aus. Dazu gehört ein Hof zu Giesing, gestiftet von Anna, der Witwe des Matthias Schrenkh (ein Münchner Patriziergeschlecht) und das Gütl, das der Kaplan innehat, und dazu noch verschiedene »Ewiggelder« an Münchner Häusern, einer Mühle und einer Hammerschmiede.
Das Dorf Giesing erhält damit erstmals einen eigenen Ortsgeistlichen, der im Kaplanshof (später Paulanergütl, Haus Nr. 28) wohnt.

Mayerbauer

Zur Zeit der Stiftung sitzt ein Neumair auf dem Hof. Er gibt jedes Jahr 2 Säcke Roggen, ½ Sack Weizen, ½ Sack Gerste, 4 Sack Haber, ½ Pfund Münchner Pfennig, dazu 100 Eier, 1 Gans und 4 Hühner.

1671 Im Bodenzinsregister ist Georg Wagner genannt, der das Leibgeding für einen Hof mit 20 Joch und 3 Rösser hat.
Da Giesing seit 1628 zur Pfarrei in der Au gehört, die von den Mönchen des Heiligen Franziskus von Paula (Paulanermönche) geführt wird, ist als Eigentümer des Hofs, neben der Schrenkhschen Wochenmessstiftung, auch das Paulanerkloster als Besitzer genannt.

6.3.1700 Georg Wagner stirbt. Er hinterlässt seine Witwe Elisabeth und vier Kinder: Maria, verheiratet mit einem Schuhmacher zu Giesing, Balthasar, Bürger und Müller in Biburg und die ledigen Söhne Niclas und Matthias.

30.6.1700 Das Anwesen wird an den Sohn Niclas Wagner und seine Ehewirtin Maria Thurnhuber aus Eglfing leibgerechtweise mit ½ Pfund Pfennig, 100 Eier, 1 Gans, 4 Hühner, 1 Scheffel Weizen, 1 Scheffel Gerste, 2 Scheffel Korn, 3 Scheffel Haber und 230 Gulden Gilt verstiftet.

14.3.1718 Nach dem Ableben von Niclas verbleibt der Witwe Maria die Leibsgerechtigkeit. Die vier lebenden Kinder Theresia (oder Regina!), 15 Jahre, Katharina, neun Jahre, Maria, fünf Jahre und Ursula, drei Jahre, erhalten das Vatergut, da die Witwe den Georg Adam, einen Bauern aus Oberhaching, heiratet.

24.5.1720 Maria wird vermutlich wieder Witwe, denn die 17-jährige Theresia und ihr Ehemann Jakob Schäder, ein Bauer aus Ismaning, erhalten den zum Heilig Kreuz Gotteshaus grundbaren Hof mit aller »Zugehörung und Paumannsfahrnis«.

14.12.1741 Nach dem Tod von Jakob, dessen Ehe mit Theresia wahrscheinlich kinderlos blieb, übergibt die Witwe den Hof an ihre jüngere Schwester Ursula (*21.11.1714), die mit Joseph Huber verheiratet ist.

17.2.1749 Da seine Frau Ursula stirbt, heiratet Joseph Huber eine Ursula Kotter aus Ottendichl. Dem »Wittiber« verbleibt der Hof mit den Kindern Joseph (*20.5.1743) und Ursula (*21.5.1747). Den beiden werden drei Töchter geboren.

10.2.1773 Nach dem Tod von Joseph Huber überlässt seine Witwe Ursula den zum Paulaner Kloster ob der Au grundbaren Hof an den Sohn Joseph aus der ersten Ehe.
Dessen Schwester Ursula hat am 17.7.1769 Franz Prändl vom Ostermayerhof (Haus Nr. 13) geheiratet.

14.2.1774	Joseph Huber heiratet Elisabeth Liebhart aus Otterfing. In rascher Folge kommen neun Kinder zur Welt, von denen die meisten kurz nach der Geburt versterben. Das Ehepaar ist seit 10.10.1776 auch Besitzer des Nachbarhofs zum Lehnerbauer (Haus Nr. 29).
6.7.1797	Joseph Huber wird vom Paulaner Kloster die Genehmigung zur Schuldaufnahme von 600 Gulden erteilt, die er für den Neubau seines Hauses benötigt. Die Zerstörung des Anwesens ist vermutlich die Folge der Besetzung durch die Franzosen während der Koalitionskriege. Der stattliche Giebel des Neubaues, der nach Norden zum Giesinger Berg hin zeigt, ist auf vielen Abbildungen des alten Giesings ein markanter Anhaltspunkt neben der ehemaligen Dorfkirche.
25.10.1802	Joseph Huber kauft für 1770 Gulden 52 Tagwerk Holzwiesen.
11.8.1803	Die Eheleute übergeben der ältesten Tochter Sabine (*10.2.1777) bei ihrer Hochzeit den Nachbarhof zum Lehnerbauer.
1804	Da offensichtlich keine weiteren Kinder mehr am Leben sind, verkaufen Joseph und Elisabeth Huber den Hof: Die eine Hälfte des Hauses sowie die dazugehörigen Äcker und Holzgründe an Jakob Kitt aus Heinau für 3051 Gulden, die andere Hälfte, ebenfalls für 3051 Gulden, an Friedrich Geiger aus Bergzabern. Der Kauf wurde erst am 20.1.1813 protokolliert. Durch die Teilung entstehen zwei Bauernhöfe: Haus Nr. 30, beim Mayer, Besitzer Jakob Kitt und Haus Nr. 30½, beim Halbmayer, Besitzer Friedrich Geiger.

Fortsetzung Mayer, Haus Nr. 30

Zum Hofanteil gehören 34 Tagwerk Grund. Jakob Kitt ist mit Marianne Scherrer verheiratet.

3.10.1819	Marianne Kitt stirbt mit 57 Jahren.
14.8.1820	Jakob Kitt folgt ihr mit 64 Jahren.
17.11.1823	Die hinterlassenen Erben sind übereingekommen, dass der älteste Sohn Peter den nunmehr zum Königlichen Rentamt leibrechtsweise grundbaren halben Mayerhof, das in zwei Hälften abgeteilte gemauerte Haus mit Hofraum und Garten, 30 Tagwerk Ackergründe und 5 Tagwerk ludeigene Gründe erhält. Den acht Geschwistern werden circa 2000 Gulden Erbanteil ausgesetzt.

Mayerbauer

30.12.1823 Peter Kitt (*1792) heiratet Marianne (Anna) Lehmann (*11.2.1804), eine Bauerntochter aus Biburg. Die beiden haben acht Kinder:

Friedrich (*24.9.1824), wird der spätere Hoferbe.
Joseph (*5.6.1826), stirbt mit drei Tagen.
Michael (*25.9.1827), wird nur 25 Wochen alt.
Peter (*5.8.1829), heiratet am 25.5.1857 Anna Maria Bichl, die Ökonomentochter vom Bichlmayerhof (Haus Nr. 11).
Anna (*8.9.1831), heiratet am 20.5.1856 den Ökonomen Sebastian Drum aus der Lohstraße 60, der ein kleines Anwesen mit 17 Tagwerk besitzt.
Anna Barbara (*15.7.1833), lebt nur 15 Tage.
Kreszenz (*16.10.1839), stirbt mit fünf Monaten.
Joseph (*7.4.1841), sein weiterer Lebensweg ist nicht bekannt.

24.11.1847 Peter und Anna Kitt haben die Genehmigung zur Zertrümmerung (das heißt Aufteilung) der Gebäulichkeiten ihrer Haushälfte Nr. 30 erhalten.
Sie verkaufen vom Wohnhaus und der Dreschtenne mit der Einfahrt ein Sechstel an die Schuhmacherseheleute Friedrich und Anna Pieplow für 1200 Gulden. Der Anwesensteil erhält 1856 die Haus Nr. 14 an der Bergstraße.

7.12.1847 Ein Teil des Stadels, des Stalls und der Dreschtenne wird an den Holzhändler Peter Drum für 500 Gulden verkauft und zum Wohnhaus umgebaut (1856 Bergstraße 15).

11.9.1849 Der verbliebene Anwesensrest (Haus, Stallung, Nebengebäude), aus dem eine Herbergswohnung geschaffen wurde, wird für 625 Gulden an die Braumeisterswitwe Eva Fromm veräußert, die die Urkunde mit drei Kreuzen unterzeichnet (wird zu Schulhausgasse 13, 14 und 15)
Damit endet das bäuerliche Anwesen der Familie Kitt an diesem Platz.

Peter und Anna haben jedoch schon vorher an der damaligen Tegernseer Landstraße 7 (später Nr. 87, heute Nr. 91) ein neues Wohnhaus mit Stadel erbaut sowie ihre Ackergründe auf diesen neuen Hof übertragen und mit den dortigen Grundstücken zu einem Anwesen mit insgesamt 49 Tagwerk vereinigt.

25.4.1856 Peter Kitt verstirbt mit 64 Jahren.
Die Witwe Anna und ihre Söhne Friedrich, Peter und Joseph werden Eigentümer des Anwesens an der Tegernseer Landstraße.

16.2.1858 Friedrich Kitt (*24.9.1824) heiratet Anna Bartl (*29.2.1836,), eine Bauerntochter aus Aying. Beide werden nun Alleineigentümer des Hofs.

30.9.1871 Friedrich Kitt stirbt an Lungentuberkolose. Seine Witwe erbt das ganze Anwesen.

1875	Auf dem Grundstück wird eine Wirtschaft eröffnet.
22.10.1892	Nach dem Tod der Mutter ist die verheiratete Tochter Maria Mayer die Alleinerbin.
6.3.1893	Maria Mayer verkauft das gesamte Anwesen für 145 000 Mark an Moses Reinemann und Benjamin Blumenthal.
2.11.1893	Durch Erbfall treten Isaak, Siegfried und Harry Reinemann in die Grundstücksgemeinschaft ein. Der Besitz umfasst ein Wohn- und Gasthaus mit Stallungen und 9,884 Hektar an Grundstücken.
1896–1898	Die Erbengemeinschaft vertauscht und verkauft verschiedene Teilflächen.
Ab 1902	Baugrundstückvermessungen aus dem Besitz an der Kesselberg-, Heimgarten-, Herzogstand-, Perlacher- und Raintalerstraße mit Grundabtretungen für Straßen.
13.11.1905	Eigentümer der Baugrundstücke sind nunmehr Benjamin Blumenthal und die Kaufmannswitwe Eliza Reinemann.
4.7.1910	Die alten landwirtschaftlichen Gebäude werden abgebrochen und der entstandene Bauplatz, Flurnummer 15936, um 29 949 Mark an die Bauunternehmersehefrau Theres Forstmeier verkauft. Sie errichtet darauf ein Wohnhaus mit Wirtschaft und Laden, das die neue Hausnummer 91 erhält.
17.8.1928	Mit dem Verkauf der ehemaligen Äcker des Mayerhofs als Baugrundstücke durch die Erben der Familie Reinemann an die Gemeinnützige Wohnungsfürsorge AG (Gewofag) um 623 320 Mark endet die Geschichte dieser Hälfte des Bauernhofs und seiner letzten Besitzerfamilie.

Fortsetzung Halbmayer, Haus Nr. 30 1/2

Zum Haus gehören 30 Tagwerk landwirtschaftliche Gründe.
Friedrich Geiger ist mit Eva Avril verheiratet. Sie haben zusammen zwölf Kinder.

6.2.1816	Friedrich Geiger verkauft von seinen Ackergründen 5 Tagwerk an Jakob Ohmer und dessen angehende Ehefrau Anna Maria Geiger (vermutlich eine Schwester von Friedrich) für 300 Gulden.

Mayerbauer

- 1831 Verkauf kleinerer Ackerflächen unter anderem an Isidor Strobl, Milchmann in der Lohe (später Haus Nr. 17) und auch 2 Tagwerk an Peter Kitt, seinen Nachbarn auf Haus Nr. 30.
- 3.2.1832 Friedrich Geiger verstirbt mit 68 Jahren.
- 29.7.1832 Verkauf eines Gartenteils als Bauplatz.
- 5.9.1835 Die Witwe Eva Geiger übergibt einen Teil ihres reluirt eigenen Besitzes am Grundstück mit der Flurnummer 60¼ an ihren ältesten Sohn Franz (*4.1.1807) und dessen Verlobte Kunigunde Rothenfußer (*2.2.1808).
- 11.1.1840 Nach Verkauf von weiteren Ackerflächen verbleibt als Besitz nur das Hausgrundstück. Damit endet auch für diesen Teil des Mayerbauernhofs die Geschichte seiner Landwirtschaft.
- 17.4.1844 Nach einer Streitsache überlässt Eva Geiger die Dreschtenne mit Einfahrt Peter Kitt für 250 Gulden.
- 30.4.1845 Erteilung der Baugenehmigung für den Umbau des Stalls in ein Wohngebäude.
- 10.9.1846 Übergabe des Wohnhauses auf der Flurnummer 60 1/5 an den Sohn Johann (*12.11.1818) und dessen Ehefrau Euphrosine, die seit 7.2.1842 verheiratet sind. Sie verkaufen das Haus am 23.11.1850 an Leonhard und Anna Maria Sattler (wird 1856 zu Schulhausgasse 16).
- 21.4.1849 Der Sohn Franz Geiger und seine Ehefrau Kunigunde veräußern ihr Wohnhaus mit Gartenanteil ebenfalls an Eva Fromm um 1620 Gulden.
- 28.6.1850 Eva Geiger übergibt ihr aus zwei Herbergen bestehendes Haus und den Krautgarten (wird 1856 Schulhausgasse 17) an ihre Tochter Barbara (*13.3.1821) und den Schwiegersohn Anton Mittermayer. Die Brüder Joseph (*2.12.1812) und Johann (*12.11.1818) erhalten ihr Vatergut ausbezahlt.
- 25.8.1856 Eva Geiger, Ökonomenwitwe stirbt mit 76 Jahren.
  Die Stadt München erwirbt ab 1895 von den späteren Besitzern die Gebäude, die 1904 abgebrochen werden. Auf dem Grundstück (nun Bergstraße 1 und Martin-Luther-Straße 2) wird ein Transformatoren-, Schalt- und Maschinenhaus errichtet. Heute befindet sich darin ein Veranstaltungsservice.
- 2013 Im Erdgeschoss des Gebäudes baut der »Giesinger Bräu« seine Braustätte mit Bräustüberl und Freischankfläche ein.

Hauserbauer

Haus Nr 31, später 46 und 69, Schulhausgasse 10,
dann Silberhornstraße 10, heute Silberhornstraße 2

Hauserbauernhof nach der Regulierung des Giesinger Bergs.

Erste Nennung des Hausnamens 1760, Herkunft vielleicht von einem frühen Besitzernamen »Huasam« = Hauser.
Besitzer des halben Hofs ist das Kollegstift St. Veit in Freising gewesen.
Da fast alle anderen Höfe in Giesing zum Herrschaftsbereich der Wittelsbacher gehörten, liegt der Schluss nahe, dass dieser Besitz im Bereich des Bischofs von Freising auf jener Schenkung beruhte, die der Priester Icho aus seinem ererbten Grundbesitz zu »Kyesinga« (Giesing) an den Bischof Atto (783–811) vermachte.

1543   Ein Stiftsschreiber benennt ein Anwesen »Giesinger Loder Hueb« und bemerkt »wie das Stift an dies Stückl kommen ist, ist nit findig. Das Haus ist nit groß, 2 Anger gleich am Haus«. Dann folgt eine ausführliche Lagebeschreibung der Felder.

Hauserbauer

1570   Auf der Giesinger Loderhueb gibt Linhart Welscher als Gilt 7 Schilling Pfennig, 1 Gans, 100 Eier, 4 Hühner, 2 Scheffel Korn, 2 Scheffel Haber.

1625   Balthasar Schräl leistet die gleiche Gilt.

1636   Johann Schral ist für den Hof in Obergiesing genannt.

1650   Hans Schräl von Giesing »erlegt und bezahlt seine Gilt und verspricht von dem heurigen Traidt 1 Scheffel Korn, 1 Scheffel Haber Freisinger Maß.«

1651   Balthasar Schral zu Giesing zahlt heurigen Gilt.

19.11.1651   Zu Perlach (Amt des Landgerichts Wolfratshausen) erscheint Balthasar Zeichinger, um »die hinterlassene Tochter [des verstorbenen Schral] zu Obergiesing zu heiraten […] und wird bei der alten Gilt belassen«.

1654   Balthasar Zeichinger ist mit seiner Gilt »ausständig«.

13.1.1658   Balthasar Zeichinger von Obergiesing bittet, »ob man sein Traiddienst hat zu Geld angeschlagen«. Das Liefern des Getreides von Giesing nach Freising ist mühsam, daher die Bitte, das Getreide mit dem üblichen Marktpreis bezahlen zu dürfen.

9.8.1659   Nennung von Balthasar Zeichinger aus Obergiesing zusammen mit Wolfgang Lehner, Bürger und Ziegelmeister zu München. Er erhält von diesem 100 Schilling, um »einen Stadl auf[zu]bauen, [da] das Haus paufällig geworden«.

1671   Im Bodenzinsregister ist Balthasar Zeichinger mit seiner Hub nach Freising St. Veit freistiftig, 16 Joch Felder, 3 Rösser, genannt.

23.6.1676   Balthasar Zeichinger von Giesing zeigt an, dass »Hochgewitter die Feldfrucht verderbt hat« und erhält am 10.11.1676 völligen Nachlass der Gilt.

11.10.1677   Nochmals Nachlass wegen erlittenem Schauerschaden.

31.10.1684   Nachlass wegen erlittenem Haberschaden.

1690   Letztmalige Nennung von Balthasar Zeichinger mit der Bitte, die Gilt »zu Geld aufschlagen«.

27.1.1691   Melchior Schräll wird auf das Gut zu Giesing Freistiftsgerechtigkeit verliehen, für Anfahrt und Abfahrt 80 Schilling. Im Übrigen bleibt es bei der alten Gilt. Ob dieser neue Besitzer aus der früheren Besitzerfamilie Schräl stammt, muss offen bleiben. Er ist mit einer Anna Bauweber verheiratet.

Hauserbauer

23.10.1691	Melchior Schräll bittet ebenfalls, dass sein Dienst »mit Geld angeschlagen« wird.
12.2.1696	Melchior Schräll zu Giesing bittet wegen erlittenem starken Schauerschaden um Ermäßigung beim Traiddienst.
21.10.1697	Melchior Schräll bittet, dass sein Traiddienst »mit Geld angeschlagen« wird. (Desgleichen 1700 und 1701)
1703	Korn zu 14 Schilling, Haber zu 12 Schilling
1705	Korn zu 10 Schilling, Haber zu 7 Schilling
22.1.1721	Der ältere Sohn Nikolaus des verstorbenen Melchior Schräll bittet, da er erst 19 Jahre alt ist, ihn mit seiner Mutter und den übrigen Geschwistern einige Zeit ohne Zahlung auf dem Hof zu lassen. Auf drei Jahre »pactiert, doch dergestalten, daß er zur gewöhnlichen Stiftszeit 1 Schilling 30 Kreuzer zur Kellerey bezahlen und auch zu tun versprochen«.
16.12.1723	Im Vertragsbrief erhält Anna, die Witwe des verstorbenen Melchior Schräll, zusammen mit ihren vier Kindern den halben Hof.
3.10.1730	Anna Schräll übergibt den Hof an ihren Sohn Nikolaus und dessen Ehefrau Barbara Grassmayer aus Freimann.
24.10.1760	Die einzige Tochter Theresia (*4.8.1732) der hinterbliebenen »Wittib« Barbara des Nikolaus Schräll zu Obergiesing, heiratet Sebastian Welsch aus Oberföhring. Übergabsbrief und Heiratsbrief von 16.12.1760.
12.9.1783	Die Witwe Theresia Welsch (ihr Mann Sebastian Welsch verstarb am 29.10.1781) übergibt den halben Hof beim Hauserbauer an ihren Sohn Sebastian. Sie selbst stirbt am 9.10.1783.
6.9.1786	Sebastian Welsch (*17.1.1763) heiratet Elisabeth Hutter vom Streicher zu Englschalking.
14.7.1800	Sebastian Welsch verstirbt.
22.10.1803	Die Witwe Elisabeth verkauft den Hof an die Gebrüder Andreas, Stephan und Johann Knoll und Johann Mederer, alle aus Herxheim in der Pfalz stammend. Johann Knoll und seine Brüder haben den Alleinbesitz bis Johann Mederer seinen Bezahlungsanteil in bar leistet. Kaufpreisquittung vom 7.11.1806 über 5150 Gulden.
13.6.1806	Johann Mederer, churpfalzbayerischer Gerichtsschreiberssohn, verkauft seinen Hauserbauernhof-Anteil an Johann Knoll.

Hauserbauer

Andreas und Stephan Knoll besitzen je ein Viertel, Johann Knoll nun die Hälfte des Hauserbauernhofs.
In den folgenden Jahren wechseln die Hofanteile der Brüder mehrmals.
Auch werden von den Eigentümern vielfach Äcker und Wiesen verkauft.

26.10.1808 Johann (*1763) heiratet 1789 zuerst Apollonia Kuntz, dann 1795 Katharina Kuntz (*1768). Sie sind auch Pächter der Schwaige Hergolding, Gericht Ebersberg (zwischen Vaterstetten und Parsdorf), und verpachten ihren Hauserbauerhof-Anteil an Peter Hirsch aus Herxheim. Dieser ist mit Katharina Erna Knoll verheiratet, vermutlich eine Verwandte der Knollbrüder.

15.11.1809 Johann Knoll verkauft an seinen Bruder Andreas seinen Hofanteil mit Feld und Waldungen bestehend aus der Hälfte der Ökonomiegebäude, den halben Hausgarten und den dritten Teil des Hausangers um 2000 Gulden.

20.11.1811 Stephan Knoll verpachtet seinen Viertelanteil am Hauserbauernhof an Andreas Haid, gewesener Gutsbesitzer, für sechs Jahre.

2.3.1814 Andreas und Katharina Knoll verkaufen ihren Hausanteil ohne Gründe, bestehend aus einer Stube, einer Kammer, einer gemeinschaftlichen Küche, einem halben Keller, einem halben Pferde- und Kuhstall, dem vierten Teil des Stadels, der Tenne, der Wagenremise, dem Backhaus, dem Hofraum und dem Wurzgarten, dem halben Teil des Holzschuppens und dem dritten Teil des Hausangers, an Johann Knoll junior um 500 Gulden.
Andreas ist damit nur noch Eigentümer der landwirtschaftlichen Grundstücke. Im Grundstückskataster ist der Hof aufgeteilt in:

Haus Nr. 31, Andreas Knoll, 27,53 Tagwerk
Haus Nr. 31 ½, Stephan Knoll, 13,44 Tagwerk
Haus Nr. 31 ⅓, Johann Knoll junior, nur Hausanteil.
Ohne Hausnummer, Johann Knoll, Hergolding 31,25 Tagwerk
Andreas Knoll ist seit 1791 mit Katharina Eva Kerner verheiratet, Stephan Knoll (*1765) in zweiter Ehe mit Katharina Eichlaub (*1778).
Johann Knoll junior (*1789) ist laut Matrikelbuch Herxheim der Sohn von Stephan Knoll aus erster Ehe mit Katharina Kuntz.

3.1.1818 Stephan und Katharina Knoll verkaufen ihren Anteil des inzwischen zum Hofkastenamt erbrechtigen Hauserhofs an Johann Knoll senior für 1250 Gulden. Sie wohnen als Taglöhner mit zehn Kindern in Obergiesing zur Miete. Stephan Knoll stirbt am 21.3.1829.

29.1.1818　Johann Knoll junior verkauft seinen 1814 erworbenen vierten Teil des Gebäudes und 7 Tagwerk ludeigene Gründe aus dem Pragerhof (Haus Nr. 27) an Peter Fürst und dessen Ehefrau Barbara.
Johann Knoll junior scheidet als Mitbesitzer ganz aus (siehe auch Pragerbauer, Haus Nr. 27).

22.4.1819　Peter Fürst veräußert seinen gerade erworbenen Hausanteil an den bereits auf dem Hof ansässigen Pächter Andreas Haid (*1762) verheiratet mit Margaretha Müller (*1791). Diese haben sieben Kinder, nur eines erlebt das zehnte Lebensjahr. Aus erster Ehe von Andreas sind noch drei weitere Kinder da.

11.5.1822　Die Grundstücksanteile von Andreas Knoll sind öffentlich zum Verkauf ausgeschrieben. Käufer für 2100 Gulden ist Valentin Radmiller, Hausmeister im Herzoggarten in München. Die Äcker werden nach und nach an verschiedene Käufer weiterveräußert.
Johann Knoll senior ist nun Alleineigentümer der Grundstücke und Miteigentümer des Hauses zusammen mit Andreas Haid.

5.9.1828　Johann Knoll und seine Frau Katharina übergeben das Anwesen, bestehend aus Hausanteil, Garten und 27 Tagwerk Acker, an ihren Sohn Franz.

Franz (*5.6.1799) in Herxheim heiratet Anna Maria Reiter (*23.3.1808), eine Bauerntochter aus Schwabing. Die Geschwister von Franz sind Katharina mit 27 Jahren, sie hat bereits einen ledigen Sohn Franz (*15.9.1823), Eva, 23 Jahre, und Andreas, 21 Jahre. Sie bekommen je 150 Gulden ausbezahlt.
Franz und Anna Maria werden acht Kinder geboren.
Der älteste Sohn Simon (*14.12.1828) wird Geistlicher. Er ist von 1884 bis 1907 Stadtpfarrer in der Au.
Ferner der spätere Hoferbe Franz (*3.9.1833) und drei Töchter, die alle ledig bleiben: Barbara (*27.2.1831), Maria (*17.5.1836) und Walburga (*8.7.1839). Die weiteren Kinder sterben im Kleinkindalter.

Simon Knoll, Pfarrer in der Au, Aufnahme um 1900.

Hauserbauer

25.1.1836   Katharina Knoll verstirbt mit 66 Jahren.

16.8.1836   Andreas Haid, der Mitbesitzer des Hauses, stirbt mit 65 Jahren. Im Erbvergleich erhält seine Witwe den Hausanteil.

8.10.1841   Auch der »Austragler« Johann Knoll wird mit 77 Jahren zu Grabe getragen.

3.8.1852   Die Witwe Margaretha Haid verkauft ihren Hausanteil mit Garten für 550 Gulden an Franz Knoll, der nun endlich auch Alleineigentümer des Gebäudes ist.

10.4.1856   Die Frau von Franz Knoll, Anna Maria, wird mit erst 48 Jahren am Ostfriedhof beerdigt.

23.2.1857   Der Witwer heiratet Anna Maria Krautheimer, eine Taglöhnerswitwe, und übergibt im gleichen Jahr das Hauserbauernanwesen mit 27 Tagwerk Grund an seinen Sohn Franz.

22.7.1861   Franz heiratet Theresia Biechl (*13.2.1836) vom Bichlmayerhof (Haus Nr. 11). Die beiden haben zusammen schon zwei Kinder: Maria (*20.3.1858) und Franz Xaver (*2.11.1859), der aber am 27.11.1859 stirbt.
Weitere Kinder der beiden sind Therese (*30.1.1862), nochmals ein Franz Xaver (*29.3.1863), der der spätere Besitzer des Grafenbauern (Haus Nr. 1) wird, Joseph Knoll (*25.1.1865), er heiratet in den Sattlerhof (Haus Nr. 17) ein, und Georg (*18.1.1866).
Franz wird Magistratsrat in München und Magistratskommissär für die Kirchenverwaltungen.

5.3.1863   Die Ehe von Franz Knoll senior mit Anna Maria Krautheimer wird gerichtlich aufgelöst. Er heiratet dann Walburga Forst-

Franz und Therese Knoll, um 1890.

heimer (*14.7.1834), eine Taglöhnerswitwe aus Kösching. Er ist Anwesensbesitzer in der Birkenau.

1866   Das Bauernhaus brennt bis auf die Grundmauern nieder. Der Neubau entspricht im Wesentlichen dem heutigen Aussehen. Anstelle der in Giesing traditionellen Ausrichtung des Hauses mit dem Wohnteil nach Osten und dem Wirtschaftsteil nach Westen wird der Neubau für den Wohnteil nach Norden gedreht.

3.6.1880   Franz Knoll senior verstirbt zwei Tage vor seinem 81. Geburtstag.

20.4.1893   Der Hauserbauernhof (Wohnhaus mit Stallungen, Getreidestadel, Pumpbrunnen und 8,6 Hektar, also circa 25 Tagwerk Grund) wird dem jüngsten Sohn Georg übergeben. Er ist mit Anna Eder (*1.1.1870) verheiratet. Den beiden bekommen drei Kinder: Georg, Simon und Anna.

23.9.1899   Georgs Mutter Therese Knoll stirbt.

1906   Neben dem Getreideanbau betreibt Georg Knoll ein Fuhr- und Latrinenreinigungsunternehmen. Dafür werden auf dem Hof ein Maschinenhaus für die Reinigungsapparate und eine Wagenremise für die Unratabführwagen gebaut.

1910   Der größte Teil der Grundstücke mit 5 Hektar wird für 100 000 Mark an die Stadt München veräußert.

28.3.1914   Der Vater Franz Knoll wird am Ostfriedhof zu Grabe getragen.

21.5.1927   Nochmals werden 1,1 Hektar Grund an die Kolb Immobilien und Terrrain AG (»Kolbsiedlung« an der Peißenbergstraße) verkauft.

28.2.1934   Anna Knoll stirbt.

25.9.1936   Georg Knoll, Ökonom und Fuhrgeschäftsbesitzer, stirbt. Er war langjähriger Kirchenpfleger, Distriktsvorsteher und Mitglied der St. Vinzentius Konferenz (Träger des Altenheims St. Alfons am Bergsteig).

1.12.1936   Durch einen Auseinandersetzungsvertrag mit seinem Bruder Simon (Landwirt) und seiner Schwester Anna (verheiratete Grabmair in der Hallertau) wird der Sohn Georg (*3.11.1894) Alleineigentümer. Seine Ehe mit Erna (*11.11.1903) bleibt kinderlos.

1943   Im November wird der Hof durch Bombentreffer schwer beschädigt, nach dem Krieg aber im ursprünglichen Aussehen wiederaufgebaut.

1954   Endgültige Aufgabe der Landwirtschaft. Das Bauernhaus bleibt als einziger der Giesinger Bauernhöfe erhalten.

Hauserbauer

1959	Verkauf der letzten Flächen als Baugrund an die Firma Gagfah (an der Säbener Straße) und die Firma Eichbauer (an der Grünwalder Straße).
29.7.1987	Erna Knoll ist tot.
2.3.1990	Der letzte Hauserbauer Georg Knoll wird – wie seine Vorfahren – am Ostfriedhof beerdigt. Seine Großzügigkeit als Stifter und Mäzen wird am Grab besonders hervorgehoben. Das Haus ist heute noch im Besitz der Nachfahren seiner Schwester Anna.

Spitzerhäusl

Haus Nr. 32, heute Grünfläche zwischen Icho- und Silberhornstraße

Das Häusl stand direkt auf dem Grundstück des Spitzerhofs (Haus Nr. 34) und wird vermutlich um 1800 bei der »Vergantung« diese Hofs abgetrennt. Zum Anwesen gehört auch eine Waldung mit 2,03 Tagwerk.

Bei der Hausumnummerierung 1836 ist das Häusl nicht mehr aufgeführt (Einbeziehung des Grundstückteils in den Pfarrhofneubau).

Mesnergütl

Haus Nr. 33 später Schulhausgasse, heute Spielplatz an der Silberhornstraße

Im Steuerbuch von 1671 ist das Mesnergütl aufgeführt. Das Haus ist 1812 im Besitz der Gemeinde und liegt neben dem Hauserbauer (Haus Nr. 30).

Seit 1800 dient es auch als erste Schule in Giesing. Vorher war der Schulunterricht in der Au. Es ist dem Mesner »zum Dienstgenuss überlassen«. Dazu gehören 12,62 Tagwerk Acker und eine Waldung. Einstellung des Schulbetriebs um 1810 (siehe dazu Haus Nr. 5).

1828 Verkauf an Adam Finsterer. Am Kirchweihmontag 1836 brennt das Haus ab. Adam Finsterer löst kurz vor seinem plötzlichen Tod (29.3.1837) am 24.3.1837 das Obereigentum der Grundstücke ab. Seine Witwe Barbara veräußert 1838 alle Äcker an den Krämer Benno Brand, der darauf einen Neubau errichtet.

Spitzerhof

Haus Nr. 34, später Pfarrhofgasse 2, heute Grünfläche zwischen Icho- und Silberhornstraße

1574	Erste Erwähnung des Hofs in der statistischen Beschreibung des Landgerichts Wolfratshausen. Besitzer sind die bayerischen Herzöge als Landesherren.
1579	Herzog Albrecht V. in Bayern errichtet eine Stiftung, die aber erst nach seinem Tod von seinem Sohn Herzog Wilhelm V. schriftlich niedergelegt wird: »[…]eine ewige Mess und Gottesdienst in der Capelle zu Unserem Lieben Herrn auf dem Gottsacker vor der Stadt von unseren freien Cammergütern in unserem Gericht Wolfratshausen zu Obergiesing einen Hof der dient 2 Gulden 6 Schilling, 12 Pfennig Stiftgilt 100 Eier 4 Hennen und 1 Gans«.
1671	Im Steuerbuch dieses Jahres hat Matthias Lechner die veranlaite Freistift auf dem Hof mit 22 Joch Acker und 2 Rössern.
1707	Im Matrikelbuch der Heilig-Kreuz-Kirche ist Melchior Lechner genannt, vermutlich der Sohn von Matthias Lechner. Er ist mit Maria Obermayr verheiratet.
25.4.1718	In einer Grundstücksbeschreibung wird der sogenannte Spitzer, Melchior Lechner, aufgeführt. Die Entstehung des Hausnamens ist nicht bekannt.
16.2.1739	Der Witwer Melchior Lechner übergibt seinen dem Beneficium S. Salvator vor dem Sendlinger Tor grundbar gehörig ganzen Hof mit allem Zubehör an den ledigen Sohn Kaspar.
24.10.1752	Erst nach dem Tod von Melchior Lechner wird das Heiratsgut an seine Kinder Michael (*18.5.1707), Elisabeth (*25.10.1710) und Ursula (*19.10.1714) verteilt. An Stelle von Kaspar übernimmt nun jedoch seine Schwester Ursula das Gut.
31.1.1757	Ursula, inzwischen mit Sebastian Prittinger verheiratet, verkauft nach dem Tod ihres Mannes zusammen mit ihren Geschwistern Michael, Elisabeth und Maria, die mit dem Schuhmacher Franz Plattensteiner verheiratet ist, den ganzen Hof an den »ehrbaren Sebastian Weiderer, Metzger ob der Au«, um 1200 Gulden.

Spitzerhof

1770   Der Hof wird »vergantet«. Weiderer muss mehrfach Schuldbriefe ausschreiben.
Eigentümer wird der churfürstliche Rat Franz Xaver Kleber.
Das Anwesen wird durch Baumeister geführt. Im Matrikelbuch wird Baumeisterin Katharina Hartmann auf dem Spitzerhof verzeichnet.

11.4.1771   Franz Xaver Kleber veräußert den Hof für 500 Gulden an Georg Nutz. Dieser ist Benefiziat beim Kollegstift Unserer Lieben Frau.

31.3.1773   Weiterverkauf um 995 Gulden an den churfürtlichen Rechnungsjustificanten Johann Thomas Stoß und dessen Ehefrau Rosina.

19.10.1787   Nach dem Tod ihres Mannes ist Rosina gezwungen, Grundstücke zu verkaufen, »weil sie den ganzen Hof nicht allein dirigieren und um das Haus herrichten zu können«. Bei der Zertrümmerung kauft ein Viertel der Grundstücke Joseph Schuster, Sattler von Haidhausen, um 150 Gulden, der Wirt Georg Neuburger zu Haidhausen um 200 Gulden ein weiteres Viertel.

8.5.1788   Für 400 Gulden erwirbt der Tafernwirt in Haidhausen, Jakob Johann Paul, ein Achtel der Grundstücke. Rosina Stoß verbleiben nur mehr Dreiachtel der Hoffläche.

17.4.1793   Rosina übergibt den Hof an ihren Sohn Wilhelm. Er ist mit Anna Gressirer verheiratet. Innerhalb von zehn Jahren werden acht Kinder geboren, von denen aber nur zwei überleben.

12.4.1802   Auch Wilhelm Stoß muss weitere Grundstücksflächen verkaufen.
Jakob Huber, Kirchlmayr von Baumkirchen, zahlt 400 Gulden für 16 Tagwerk Grünwalder Forstwiesen.

3.2.1804   Verkauf von 2 Tagwerk Holzwiesen für 75 Gulden an Franz Haas, Klostermeister in der Falkenau.

8.8.1804   Nach einem Protokoll über einen Pferdekauf ist Peter Heinrich der jetzige Besitzer des Spitzerhofs.

1808   Adam Pollinger (*1762) wird Eigentümer der einen Hälfte des Spitzerhofs.

11.1.1809   Seine Frau Maria Anna Pollinger stirbt mit 45 Jahren. Aus der Ehe stammen vier Kinder: Johann, 15, Ferdinand, zehn, Margaretha, sieben und Friedrich, drei Jahre alt. Vormund der Kinder wird der Besitzer der anderen Hofhälfte Peter Heinrich.

14.3.1809   Adam Pollinger heiratet Catharina Eck aus Hagenbach im Niederelsass.

Spitzerhof

19.4.1809	Nach einem Monat stirbt auch seine zweite Frau mit 40 Jahren.
18.6.1809	Er heiratet noch im gleichen Jahr die Sattlerstochter Barbara Donaubauer (*1786).
1809	Peter Heinrich stirbt und hinterlässt vier Kinder: Barbara, 19, Adam, 16, Georg, 15 und Karolina, elf Jahre. Der Witwe Christina verbleibt der Viertel-Spitzerhof: ein ganzgemauerter halber Hausteil, 14 Tagwerk Acker, 7 Tagwerk Holzwiesen und 2 ½ Tagwerk ludeigene Mooswiesen. Das Anwesen ist noch zum Herzog Albrecht Benefizium bei St. Salvator, jetzt St. Stephan, freistiftig.
30.10.1809	Christina Heinrich heiratet Ignatz Woerling, den Besitzer eines Sechzehntelgütl in Angelbrechting im Landgericht Ebersberg.
1812	Im Steuerbuch wird Wörling als Spitzer und Pollinger als Halbspitzer aufgeführt.
14.10.1815	Ignatz und Christina Wörling, jetzt ansässig in Angelbrechting, verpachten den halben Hausanteil mit Stube, Küche, einer Kammer über eine Stiege, dem Stall, der gemeinschaftlichen Tenne und dem Hofraum sowie Äcker und Wiesen für 80 Gulden jährlich an Christoph Hofmann, gebürtig aus Herxheim in der Pfalz.
13.10.1817	Adam Pollinger erwirbt die andere Hälfte des Spitzerhofs von Ignatz und Christina Wörling mit 14 Tagwerk Acker für 1325 Gulden.
1817/1818	Adam Pollinger veräußert 7 Tagwerk Waldung für 143 Gulden an den Herrn von Utzschneider (Warthof) und 9 Tagwerk Ackerflächen für 1000 Gulden an den Schrafnagelmüller Simon Westermayr in der Lohe.
13.7.1818	Der älteste Sohn Johann stirbt mit 27 Jahren.
24.11.1819	Adam und Barbara übergeben das Spitzeranwesen, bestehend aus einem gemauerten Haus samt Stall und daran angebautem hölzernen Stadl sowie Hausgarten und 18 Tagwerk Acker, an ihren Sohn Ferdinand.
29.11.1819	Ferdinand (*1797) in Herxheim heiratet Anna Maria Schäffler (*1798) aus der Au.
10.3.1820	Ferdinand, der als Reitknecht bei Seiner Königlichen Hoheit Herzog von Leuchtenberg beschäftigt ist, verpachtet den Hof mit 2 Pferden, 1 Kuh, 1 Kalb, 1 Wagen, 1 Pflug und 1 Windmühle auf sechs Jahre für 840 Gulden.

Spitzerhof

23.4.1823 Ferdinand und Anna Maria Pollinger verkaufen das Spitzeranwesen um 2200 Gulden an den ehemaligen Seidlhofbesitzer in Dornach Anton Riß und seine Ehefrau Krescentia.

13.12.1824 Durch Versteigerung gehen Haus und Grundstücke an den meistbietenden Buchhalter Lazarus Uhlmann aus Wallerstein für eine Summe von 1500 Gulden.
Der Austrag für die Pollinger Eheleute Adam und Barbara bleibt laut Vertrag vom 24.11.1819 bestehen.

11.6.1827 Weiterverkauf für 1500 Gulden an den Fabrikanten Heinrich Goldschmid, der ebenfalls aus Wallerstein stammt.

7.2.1834 Verkauf des Gesamtanwesens an die Gemeinde Obergiesing zum Preis von 1800 Gulden. Das noch bestehende Austragsgut an die Kinder Friedrich und Margarethe Pollinger wird bei Gericht gütlich abgefunden.

4.11.1834 Die Ackerflächen werden von der Gemeinde weiterveräußert und auf dem Hofgrundstück der Pfarrhof gebaut. Dieser Pfarrhof wird 1892 bei der Regulierung des Giesinger Bergs abgebrochen. Standort war die heutige Grünfläche vor der Mauer an der Ichoschule beim Zusammentreffen von Icho- und Silberhornstraße.

Sturmhof
Haus Nr. 35, Am Bergsteig 1, heute Grünfläche am Bergsteig

Alte (rechts) und neue Giesinger Kirche mit den Gebäuderesten des Sturmhofs auf der linken Seite, Ansichtskarte um 1887.

Sturmhof

1493 Der herzogliche Jägermeister Hans Wager (später auch Wagner) und dessen Ehefrau Adelheid stiften an ihren Amtssitz in Höhenkirchen (ursprünglich Pfarrei Hohenbrunn) eine ewige Frühmess von ihrem Hof zu Obergiesing bei der Kirche auf der Leiten.
Ein Bauer Schwabl gibt als Gilt 5 Gulden rheinisch.

1524 In der statistischen Beschreibung des Landgerichts Wolfratshausen ist ein ganzer Hof für die Frühmesse Höhenkirchen enthalten.

14.12.1704 Franz Gugler von München verkauft seinen halben Hof zu Obergiesing (veranlaite Freistift zur Wagnerschen Messe in Höhenkirchen) an Johann Jakob Stiftler von und zu Werttenbach.

12.12.1707 Die Erbin von Johann Jakob Stiftler, Brigitta Stiftler, veräußert den Hof für 1500 Gulden an Johann Otto Trunckmüller von München.

28.6.1711 Johann und Maria Theresia Trunckmüller überlassen den Steuer und Scharwerk freien Hof an Pfarrer Johann Lampacher von Pruck für 2300 Gulden.

27.8.1732 Johann Ignatz von Winklsperg, Truchsess in München, ist als Eigentümer genannt. Dieser erhält 1734 vom Kurfürsten Karl Albrecht auch 20 Joch öden Grund, auf dem er ein kleines gemauertes Schlösschen erbaut, den späteren Edelsitz Birkenleiten.

25.4.1740 Claudes Destouches, Kammerdiener des Kurfürsten Karl Albrecht, ist neuer Besitzer und erwirbt 6 Tagwerk Grund »zu freien Eigen« auf dem Giesinger Feld.

März 1741 Destouches bezeichnet sich in einem Brief als Eigentümer des Hofs, ohne auf die Grundherrschaft der Messstiftung hinzuweisen. Der Bauer Peter Empel hat gerade die Leibgerechtigkeit.

23.9.1741 Nach dem Tod von Claudes Destouches wird seine Witwe Maria Anna, Kammerzofe der Kurfürstin Maria Anna, die Nachfolgerin.

23.3.1746 Weitergabe des Hofs an den Grafen Guido von Taufkirchen für 5500 Gulden durch die Witwe, die sich ebenfalls als Eigentümerin bezeichnet.
Auch die nächsten Besitzer geben sich als Eigentümer aus. Zunächst Johann Adam Baron von Schroff, der den Hof wiederum eigenmächtig an den Hofkellerinspektor Adrian La Fabrque überlässt und jährlich 100 Gulden Stiftsgeld verlangt. La Fabrique ist zeitweise auch Besitzer der Hofmark Birkenleiten.

3.10.1749 Auf dem Hof selbst ist die Witwe Maria des Hansen Dil ansässig.

Sturmhof

18.8.1750 Maria Dil übergibt das Anwesen an ihren Sohn Peter.

7.7.1758 Peter Dil veräußert den halben Hof für 1300 Gulden an den Schrafnagelmüller Peter Loiblmayr.

14.7.1760 Der Benifiziat Stürzlmayer in Höhenkirchen, als Begünstigter der Messstiftung, erfährt erstmalig von den unrechtmäßigen Verkäufen und erhält nachträglich wenigstens vom Grafen von Taufkirchen das Laudemium bezahlt.

4.10.1765 Der Schrafnagelmüller Paul Loiblmayr verkauft den Sturmhof, der zum Baron Wagnerischen, inzwischen Baron Mayr Benefizium zu Höhenkirchen grundbar ist, an den churfürstlichen Kammerherrn Joseph Anton von Höger auf Anzing um 900 Gulden. Der Titel Baron wurde der Familie Wagner um 1600 verliehen.

27.10.1773 Nach dem Tod des Kammerherrn Joseph Anton von Höger geht der Hof im Gantverfahren für 750 Gulden an Johann Marquard Graf von Kreuth und dessen Frau Maria Carolina. Im Briefprotokoll ist das Anwesen als »Sturm oder Laaberer Hof« bezeichnet. Die Ursprünge des Hausnamens sind nicht bekannt. Der Hofkriegsrat Graf von Kreuth ist zu dieser Zeit auch Besitzer des Lerchenhofs (Haus Nr. 37) und des Kotterhofs zu Untergiesing (Niedergiesing). Er erhielt 1775 die Sitzgerechtigkeit auf diesem Hof: Sitz Marquardtsreuth. Dann erwirbt Carl Seitz, Gerichtsprokurator ob der Au, von dem inzwischen Eigentümer gewordenen Johann Georg Rupprecht, Buchbinder zu München, den sogenannten Laberhof um 900 Gulden.

6.10.1776 Im Matrikelbuch der Heilig-Kreuz-Kirche ist Udalrich (Ulrich) Singer als Baumeister auf dem »Desdusch-« (Destouches-) Hof aufgeführt.

7.1.1799 Peter Köglmayr und sein Ehewirtin Therese erwerben den sogenannten Sturmhof und stellen einen Schuldbrief über 1000 Gulden aus.
Das Datum des Kaufs und der Name des Verkäufers sind nicht bekannt.

28.8.1802 Die Eheleute Köglmayr kaufen 18 Tagwerk Grünwalder Forstwiesen für 979 Gulden hinzu.

16.6.1807 Nach den Beneficialakten wird der Sturmhof oder Laberhof zerstückelt. Ein Haus mit Nebengebäuden erhält die Haus Nr. 35 und ist der ursprüngliche Sturmhof.
In der Gantsache Peter Köglmayr wird dieser Teil (halber Hof mit Haus, Garten und Schöpfbrunnen), an Joseph Sagstätter für 2200 Gulden verkauft.

Sturmhof

2.7.1807　Der Restkomplex des Sturmhofs (Stadl, Viehstall, Wassergrandl und eine Windmühle) erwirbt für 1600 Gulden der bürgerliche Metzger in der Au Joseph Wagner mit seiner Frau Maria Anna (später Teil des Metzger, Haus Nr. 43). Die beiden erhalten im September 1807 den Freistiftsbrief.
Die übrigen landwirtschaftlichen Grundstücke mit circa 59 Tagwerk werden an die Landwirte in Giesing, Haidhausen, Perlach und in der Au »vergantet«. Die Beneficialakten weisen 18 verschiedene Käufer aus.

6.4.1808　Joseph Sagstätter, Expositus zu Obergiesing (später Pfarrer von Kirchheim), veräußert das zum zerstückelten Sturmhof gehörende Haus mit Anger an Carl Peter Sagstätter, »gewester« Schlossverwalter von Brandenburg für 2200 Gulden. Der Veräußerer Joseph Sagstätter ist vermutlich sein Onkel.

10.5.1808　Carl Peter Sagstätter (*8.6.1779) aus Straubing heiratet in Kirchheim die Protestantin Johanna Widmann (*11.6.1779) aus Stuttgart, die eine Mitgift von 1100 Gulden in die Ehe einbringt.

1812　Im Steuerbuch sind beim Haus Nr. 35 nur noch 1,36 Tagwerk Grund aufgeführt.

20.10.1815　Carl Peter Sagstätter verkauft das Anwesen für 3000 Gulden an Kunigunde Häusler.

20.5.1816　Kunigunde Häusler heiratet den Registraturgehilfen bei der Generaldirektion der Salinenverwaltung Joseph Müller und bringt das Haus mit Garten als Heiratsgut in die Ehe.

9.8.1817　Die Ehegatten Müller verpachten auf drei Jahre das Haus, mit Ausnahme des über der Stiege befindlichen gelben Zimmers, an zwei Taglöhner. Pachtcontractsumme ist 300 Gulden.

17.8.1819　Joseph Müller veräußert das durch Kauf und Heirat erworbene Haus Nr. 35 für 1850 Gulden an Franz von Bube, Sekretär des Königlichen Staatsarchivs. Beschreibung des Anwesens: Ein gemauertes Haus, zu ebener Erde zwei heizbare und ein kleines unbeheiztes Zimmer, Fletz, Küche, gewölbter Keller und Stall für zwei Pferde; über der Stiege drei heizbare Zimmer, Fletz, Küche, Speis; über zwei Stiegen ein heizbares Zimmer und Kasten; gemauerter Stall für 3 Stück Vieh; 1,36 Tagwerk Garten mit Planken umgeben, ungehinderter Gebrauch des hinter dem Stadl befindlichen Schöpfbrunnens zusammen mit dem Nachbarn Joseph Wagner Haus Nr. 43 und freie gemeinsame Zufahrt.

3.12.1824　Nach dem Ableben des Sekretärs von Bube wird das Anwesen zur Versteigerung ausgeschrieben.

Sturmhof

9.4.1825 Der meistbietende Major von Steinmetz, Mitglied im Garde du Corps Regiment, erwirbt das Haus um 2000 Gulden.

19.12.1828 Die Majorswitwe Theresia von Steinmetz verkauft das zum Beneficium Höhenkirchen freistiftige Haus Nr. 35 mit dem Anger und dem gemeinschaftlichen Brunnen und Einfahrt hypothekenfrei an den Verwalter des Städtischen Irrenhauses Michael Bäck für 3300 Gulden.
Dieser ist seit 6.9.1828 mit Johanna Reiter, Gutsbesitzerstochter von der Birkenleiten, verheiratet.

5.7.1833 Michael Bäck erwirbt für 536 Gulden einen Anger von seinem Nachbarn, Haus Nr. 36, das inzwischen Johann Lang gehört.

16.3.1839 Die Witwe Elisabeth Bäck veräußert das freistiftige Haus mit dem Anger zu 1,36 Tagwerk und einen ludeigenen Angeranteil von 2,09 Tagwerk sowie einen Acker mit 59 Dezimal an die Doktorswitwe und gewesene Verwalterin des Allgemeinen Krankenhauses in München, Regina Martin, um 4000 Gulden.

2.1.1840 Die Privatiersgattin Therese Feldmüller aus München zahlt für das Anwesen 5500 Gulden.

3.8.1841 Therese Feldmüller verkauft aus den ludeigenen Grundstücken acht Bauplätze (Teile der »Feldmüllersiedlung«).

5.10.1843 Das Haus mit Stallung, Hofraum, Anger und Gemüsegarten wird für drei Jahre zu einem Pachtzins von jährlich 300 Gulden an den Leinenweber Andreas Dettenkofer aus Wildenberg, Gericht Rottenburg, verpachtet.

11.4.1846 Therese Feldmüller veräußert das Haus Nr. 35, den Sturmhof, mit Wohnhaus, Nebengebäuden, Stall, Remise mit Garten zu 1 Tagwerk 36 Dezimal für 7000 Gulden an den Antiquar Johann Nepomuk Peischer und dessen Ehefrau Susanne.
Die Grenzen zum Nachbaranwesen Haus Nr. 36, dem Schallerhof, das noch im Besitz von Therese Feldmüller ist, sollen gemeinsam sein, ebenso die Einfahrt.

14.1.1847 Ein Weiterverkauf des Sturmhofs an die Eheleute Xaver und Josepha Schneider aus München für 2000 Gulden kommt nicht zustande.

20.2.1851 Die Kirchenverwaltung St. Peter in München erhält bei der Versteigerung den Zuschlag bei 3500 Gulden für das Anwesen und den Garten.

30.10.1855 Die Stadtgemeinde München erwirbt von der Kirchenstiftung St. Peter für

4200 Gulden das Haus. Das Wohnhaus mit Nebengebäuden und Brunnen Am Bergsteig 1 bestand auch noch nach dem Bau der neuen Heilig-Kreuz-Kirche und wird von der Kirchenstiftung als Mesner- und Chorregentenwohnung genutzt. Nach dem Bau eines neuen Pfarrhofs (1894) und eines neuen Mesnerhauses (1895) erfolgt der Abbruch.

Die alte Giesinger Dorfkirche; links der alte Pfarrhof (hier stand der Spitzerhof, Haus Nr. 34), im Vordergrund der Riegerbauer, Haus Nr. 37, rechts die restlichen Gebäude des Sturmhofs, Haus Nr. 35; Zeichnung von 1883.

Schallerhof

Haus Nr. 36, später Pfarrhofgasse 4, heute Ichostraße 1, Heilig-Kreuz-Kirche

Die ersten Besitzverhältnisse lassen sich nur über Rückschlüsse und nachträgliche Zusammenhänge aufzeigen. Über die Entstehung des Hausnamens ist nichts bekannt.

1449	Martin Ridler und sein Bruder Ludwig, Bürger aus einem reichen Münchner Patriziergeschlecht, errichten eine mildtätige Stiftung.
1574	Nach der statistischen Beschreibung des Landgerichts Wolfratshausen, Amt Perlach, gehört ein halber Hof zu Obergiesing zum Vermögen dieser Stiftung, genannt »Reiches Almosen«.
6.11.1638	Die Verwalter des »guldenreichen Almosens« zu München verkaufen das der Almosenstiftung gehörige Gut zu Obergiesing, dessen Gebäulichkeiten durch Feuer zerstört sind, vermutlich in Folge der schwedischen Besatzung im 30-jährigen Krieg, an den »Melber« (Mehlhändler) Sebaldt Aechlmayr auf der Au.
1671	Im Steuerbuch ist der churfürstliche Hofkammerrat Franz Heigl als Eigentümer aufgeführt. Simon Greb besaß die veranlaite Freistift des halben Hofs mit 21 Joch Acker und 3 Rössern.
8.5.1758	Der Schrafnagelmüller Paul Loiblmayr erlangt die Freistiftsgerechtigkeit auf dem sogenannten Schallerhof.
1760	Im Hofanlagenbuch kann der Hof keinem konkreten Grundeigentümer zugeordnet werden.
30.6.1767	Paul Loiblmayr erwirbt das »Dominium directum«, die Grundherrschaft auf dem Hof.
16.7.1770	Dionys Eyrhaimer, Hufnaglmüller oberhalb München (Untere Kelblmühle an der Buttermelcherstraße 16, abgebrochen), erwirbt für 1000 Gulden den Schaller Halbhof.
22.12.1775	Der Hufnaglmüller überlässt Michael Meir, Leerhäusler aus der Lohe, den ludeigen halben Hof mit Behausung, Stadl, Stallung und Feldgründen stiftsweise bis 1787.

Schallerhof

13.5.1801 Dionys Eyrhammer, bürgerlicher Kaiblmüller zu München, und seine Ehefrau Maria Anna verkaufen den halben Schallerhof, wahres Eigentum und mit keiner Grundbarkeit belastet, an den churfürstlichen Landrichter ob der Au, Franz Xaver Schrödl, und dessen Gemahlin Regina um 3000 Gulden. Im gleichen Jahr hat Schrödl auch den ehemaligen Sitz Perlacheck an der Putzbrunner Straße 3 in Perlach erworben.

1812 Im Kataster gehören 78 Tagwerk zum Hof, neben den ludeigenen Gründen sind auch ein Teil der Äcker des Paulaner Gütls (Haus Nr. 28) und Äcker in Perlach aufgeführt.

1.10.1819 Finanzrat Franz Xaver von Schrödl stirbt mit 55 Jahren. Sein Grab und das seiner Familie ist am Ostfriedhof.

17.7.1822 Die Erben, »Finanzrat von Schrödlsche Relikten«, verkaufen das zum ludeigenen zertrümmerten Schallerhof gehörige Haus Nr. 36 samt Garten und 8 Tagwerk Forstentschädigungsgründe für 1200 Gulden an den Baumeister Johann Lang, der offensichtlich im Anwesen wohnt und den Hof im Auftrag von Schrödl schon bewirtschaftet hat. Die anderen Äcker, auch die aus dem Paulanergütl, werden ebenfalls an verschiedene Käufer veräußert.

11.3.1826 Johann Lang verkauft von seinem großen Hausanger (Fläche zwischen Tegernseer Landstraße, Icho-, Aigner- und Gietlstraße) einen Teil von 0,7 Tagwerk für 100 Gulden an Michael Schweitzer zur Erbauung eines Hauses (der spätere »Schweitzerwirt« an der Tegernseer Landstraße 64). Diesem Verkauf folgen weitere Verkäufe von Flächen an Handwerker und Taglöhner, ebenfalls zur Errichtung von kleinen Häusern, Vorläufer der späteren »Feldmüllersiedlung«, die somit auch »Langsiedlung« heißen könnte.

5.7.1833 Johann Lang veräußert an seinen Nachbarn Michael Bäck auf Haus Nr. 35 einen ganzen Anger für 536 Gulden.

9.1.1837 Der Ökonomieanwesensbesitzer Johann Lang verstirbt mit 64 Jahren.

23.6.1838 Die Witwe Barbara Lang überlässt aus dem Hausanger einen weiteren Grundstücksteil an den »Schweitzerwirt« Nikolaus Hildebrand um 550 Gulden.

3.8.1839 Nach dem Ableben von Barbara Lang werden der Taglöhner Johann Lang aus der Au, vermutlich der Sohn, und seine Ehefrau Maria die Eigentümer des Anwesens mit Garten.

3.2.1841 Privatierswitwe Therese Feldmüller, geborene Schlutt, erwirbt das Gesamtanwesen zum Kaufpreis von 2077 Gulden.

Schallerhof

Noch im gleichen Jahr veräußert sie aus dem Hausanger 22 Bauplätze an Handwerker und Taglöhner (Entstehung der »Feldmüllersiedlung«).
Am 20.1.1840 hat sie bereits für 1400 Gulden das Nachbarhaus mit Garten, den ehemaligen »Sturmhof« Haus Nr. 35 erworben.

4.1.1847 Das Anwesen des Schallerhofs mit dem Gartengrundstück von circa 1,15 Tagwerk geht in den Besitz des Ordens der Armen Schulschwestern über, für die der Pfarrer Dr. Herbst von Giesing bei der Verbriefung zugegen ist. Auch die restlichen Grundstücksteile aus dem ehemaligen Hausanger werden in diesem Jahr noch als Bauplätze verkauft.

21.3.1867 Die Pfarrkirchenstiftung Giesing erwirbt von den Armen Schulschwestern das Grundstück des früheren Schallerhofs um 7500 Gulden als Bauplatz für die neue Heilig-Kreuz-Kirche.

Der »Schweizerwirt«, Zeichnung von 1883.

Lerchenhof / Riegerbauer

Haus Nr. 37, später Pfarrhofgasse 1, heute Schulhof Ichoschule

Der Riegerbauer, Zeichnung des Nachbarn Georg Knoll nach einer Vorlage von circa 1890.

Dieser ganze Hof war der einzige in dieser Größe, der im Eigenbesitz war.

- **1574** In der statistischen Beschreibung für das Amt Perlach im Landgericht Wolfratshausen gehörte der Hof „ain Paur zu Puchendorf".
- **1646** Hanns Mayr, Wirt in der Au, kauft diesen Hof.
- **1671** Hanns Mayr wird im Bodenzinsregister noch als Eigentümer des Hofs mit 20 Joch und 3 Rössern aufgeführt.
- **25.1.1714** Paul Lerchl, Bürger zu München, ist Besitzer und verkauft »ein ludeigenes Äckerl, Spitzäckerl genannt«. Er ist der Namensgeber für den Hausnamen.
- **7.5.1722** Paul Lerchl veräußert seinen zu Giesing, durch Erbschaft von seiner verstorbenen Frau an sich gebrachten ludeigenen ganzen Hof, an die Jungfrau

Lerchenhof / Riegerbauer

           Anna Maria Aufschnaidterin in München, für 3600 Gulden. Die Käuferin nimmt von Anna Maria Fugger, Gräfin von Kirchberg und Besitzerin der Hofmark Haidhausen, eine Obligation von 2000 Gulden zur Bezahlung des Hofs auf.

12.7.1724 Erwerb durch Augustin Ostermayer, »gewester bürgerlicher Bierbrauer zu München«, und seine Frau Maria Elisabeth.

12,2.1737 Verkauf des Hofs mit allem Zubehör zu Dorf und Feld an das Frauenkloster auf dem Lilienberg in der Au für 2700 Gulden.

12.2.1737 Weiterverkauf am gleichen Tag für 4100 Gulden an den Advocat Franz Ignatz Rudolf Michael Bender und seine Frau Maria Anna Theresia in München.

4.2.1771 In einem Vergleichsvertrag erhalten die Brüder Anton und Johann Koth als Miterben den frei eigenen ganzen Lerchlhof von Maria Theresia Koth, ehemalige churfürstliche Kammerdienerin.

2.8.1772 Die beiden Brüder verkaufen den Hof an Johann Marquard, Graf von Kreuth, und seine Ehefrau Maria Carolina, geborene Freyin von Reisach, für 2230 Gulden. Dem Grafen gehört auch der Sitz Marquardsreuth mit Sitzgerechtigkeit auf dem Kotterhof in Niedergiesing.

3.1.1775 Weiterverkauf an Josef Hironimus, Major der Kavallerie, für 1000 Gulden.

9.6.1775 Josef Hironimus veräußert den sogenannten frei ludeigenen ganzen Lerchenhof an Leopold Graf von Klenau.

1777 Zertrümmerung des Lerchenhofs in vier Viertel.

19.6.1777 Leopold Graf von Klenau verkauft an Augusta Gräfin Seissel d'Aix, geborene Reichsgräfin von Reitzenstein, das Hofgebäude und einen Teil der Grundflächen.

23.6.1777 Adrian Baron von Lafabrique auf der Freiherrschaft Pöttmes kauft ebenfalls verschiedene Grundflächen.
Weitere Grundstückskäufer: Franz Xaver Schachner, Riegermüller in der Falkenau, und Franz Mühlbacher, Eisenhammer und Schmied in München.

1778 Kurfürst Karl Theodor verleiht der Gräfin Seissel d'Aix die Sitzgerechtigkeit auf ihrem Anteil des Lerchenhofs und zugleich das Recht, auf dem Sitz den Namen Lerchenheim zu führen.
Der Sitz Lerchenheim wechselt in der Folge mehrmals den Besitzer:

Lerchenhof / Riegerbauer

1779	Johann Baptist von Steeb,
1779	Karl von Vacchieri,
1781	Siegmund Graf von Seyboldstorf. Briefprotokolle für die einzelnen Verkäufe fehlen.
28.4.1790	Die verwitwete Reichsgräfin von Preysing zu Moos, geborene Reichsgräfin von Muckenthal, überlässt den Besitz an den Reichsfreiherrn Herrmann von Lerchenfeld für 3700 Gulden, der ihn für seinen Sohn Xaver erwirbt. Der Hof wurde von Baumeistern geleitet. Von 1787 bis 1792 ist laut Matrikelbuch der Heilig-Kreuz-Kirche Lorenz Lassl, Baumeister auf dem Lerchenhof neben der Kirche.
20.3.1801	Franz Xaver Reichsfreiherr von Lerchenfeld und Ammerland verkauft seinen eigentümlichen Sitz Lerchenheim zu Obergiesing mit allem Zubehör für 2000 Gulden an den churfürstlichen Hoffischermeister Franz Volland und dessen Ehefrau Maria Anna.
1802	Neuer Besitzer ist Johann Maria Freiherr von Bassus, königlicher Kämmerer.
31.1.1810	Der gefreite Sitz Lerchenheim wird an Herrn von Simmet verkauft.
21.8.1811	Dessen Witwe Katharina von Simmet ist neue Eigentümerin. Die Gründe sind zum Teil verpachtet. Pächter war, laut Matrikelbuch der Heilig-Kreuz-Kirche, mindestens in der Zeit von 1806 bis 1810 Joseph Theobald und dessen Frau Eva Klara, die aus Herxheim in der Pfalz stammten, wie auch einige andere Landwirte in Giesing, so die Familien Fürst, Herzog und Knoll.
23.9.1812	Die Witwe Katharina von Simmet verkauft Gebäude und Gründe des Lerchenhofs beziehungsweise des Edelsitzes Lerchenheim, bestehend aus einem gemauerten Haus, Stall, Stadl, den Anger beim Hof, Äcker und Felder mit 13,26 Tagwerk, aber ohne die im Neufeld gelegenen, aus Forstteilen neu kultivierten Gründe sowie die anliegenden Forstteile, an Franz Rieger (*1.8.1783) von Haxthausen bei Freising für 3200 Gulden. Die bei Frau von Simmet verbliebenen Grundstücke (47,58 Tagwerk) werden von ihr am 20.6.1816 an Joseph von Utzschneider veräußert (siehe Michlbauer, Haus Nr. 12, und Warthof, Haus Nr. 129).
29.9.1812	Franz Rieger heiratet Margarethe Gaar (*28.8.1777) aus der Lohe.
5.9.1838	Margarethe Rieger verstirbt.
18.5.1852	Tod von Franz Rieger mit 68 Jahren.

Lerchenhof / Riegerbauer

	Erben werden die ledigen Kinder Maria (*7.11.1813), Franz (*8.9.1815), Johann (*27.3.1817) und Anna (*1820), die den 16,875 Tagwerk großen Hof in Erbengemeinschaft besitzen.
14.5.1863	Anna verstirbt mit 43 Jahren.
28.8.1864	Johann stirbt mit 47 Jahren.
1892	Maria stirbt. Sie vermacht der Kirchenstiftung Heilig Kreuz einen Betrag von 68 647,48 Mark.
9.7.1892	Der letzte der vier Geschwister, Franz Rieger, verkauft Wohnhaus und Anger mit einer Fläche von 2,699 Tagwerk für 172 750 Mark an die Stadt München (Grundstück der heutigen Ichoschule und der Häuser am Tegernseer Platz). Beim Bau der Schule wird ein Gräberfeld aus der Zeit von 500–700 freigelegt. Am Schulweg 42 (später Deisenhofener Straße, zwischen Rotwand- und Untersbergstraße) errichtet er ein neues Wohnhaus mit Stall und Stadel, restliche Gründe 3,784 Hektar.

Hirtenhäusl

Haus Nr. 38, heute Tegernseer Land- / Ecke Kistlerstraße

Das Hirten- oder Hüterhaus, 1760 »Herdterhäusl« genannt, ist im Besitz der Gemeinde. Dazu gehören laut Katastereintrag von 1812 8,34 Tagwerk Wiesen, Äcker und Waldung.

Das »entbehrlich gewordene Hüthaus« wird 1813 samt Garten an einen Maurer aus der Au verkauft.

Schmied

Haus Nr. 39, später Tegernseer Landstraße 20, dann Tegernseer Landstraße 94, heute Ecke Tegernseer Land- / Weinbauernstraße

Die Giesinger Schmiede mit »Beschlagbrücke«, circa 1901.

Der Platz ist wegen der von einem Schmiedebetrieb ausgehenden Feuersgefahr mit Bedacht außerhalb des Dorfs gewählt, aber auch wegen dem Fuhrbetrieb auf der »Chaussee nach Tölz«. Der Schmied fertigte für die Dorfbewohner Hufeisen, Wagenräder, Nägel und alle landwirtschaftlichen Geräte aus Eisen.
Die Hofstatt ist dem Hofkastenamt zinspflichtig, das Söldenhäusl ist im Eigenbesitz.

Um 1538   Lienhart (Leonhart) Schmit versteuert für »Schmiedzeug und Fahrnis« 5 Schillinge und 10 Pfennig.

um 1612   Caspar Schmit, unter Umständen ein Enkel von Lienhart, ist als Schmied genannt.

13.1.1628   Martin Ziegler, Schmied zu Obergiesing und seine Frau Agnes lassen eine Tochter Maria taufen.

Schmied

ab 1635	Hanns Ziegler, wahrscheinlich eine Bruder von Martin Ziegler, Hammerschmied, und seiner Frau Maria werden bis 1655 insgesamt zwölf Kinder geboren. Einer der Söhne heiratet 1673 Barbara Gamperl aus dem Ostermayerhof (Haus Nr. 13).
27.8.1661	Nach dem Tod von Hanns Ziegler erhält Wolf Manhart (*1637) das Leibgeding für 20 Gulden. Er heiratet die älteste Tochter Maria (*3.2.1641) von Hanns Ziegler. Aus der Ehe stammen neun Kinder. Er muss die »unlengst abgeprente« Schmiedewerkstätte und das Häusl neu aufbauen. Im Stall stehen 2 Rösser, 2 Kühe und 1 Jungrind.
26.3.1701	Wolf Manhart ist verstorben.
2.11.1701	Seine Witwe Maria folgt ihm ins Grab.
5.9.1704	Sohn Johannes (*1676), der bereits als Schmiedknecht bei seinem Vater gearbeitet hat, erhält die Schmiedgerechtigkeit sowie die Äcker und Wiesen. Der Übergabewert ist mit 600 Gulden angegeben.
4.6.1706	Er heiratet Maria Schmid aus Geiselgasteig. Von ihren fünf Kindern sterben vier noch ganz jung.
29.1.1735	Der Witwer Hans Manhart übergibt die Schmiede mit 2 Juchert Acker, 4 Tagwerk einmahdige Wiesen, teilweise zu Acker gemacht, an seinen Sohn Franz Paul (*14.11.1715).
20.6.1735	Franz ehelicht Anna Elisabeth Etmayr, eine Bauerntochter aus Niedergiesing. Von den zehn Kindern der beiden sind die meisten bereits nach der Geburt verstorben.
13.3.1776	Johann Manhart, 30 Jahre alt, der einzige überlebende Sohn, übernimmt von seinem verwitweten Vater das Anwesen. Seine älteren Schwestern Theresia, Anna und Elisabeth erhalten zusammen 105 Gulden Muttergut.
19.11.1776	Heirat mit Ursula Moser (*1750) von Bruck. Von ihren acht Kindern sterben vier sehr früh.
27.7.1791	Nach dem frühen Tod von Johann Manhart mit 45 Jahren erhält seine hinterbliebene Frau die Schmiede. Für die vier minderjährigen Kinder wird ein Vatergut von 170 Gulden eingetragen.
27.9.1791	Die Witwe Ursula heiratet, da der Betrieb einen neuen Meister braucht, den Schmied Jakob Hauser (*1760) aus Unterbiberg. Diese Ehe bleibt kinderlos.
28.5.1816	Ihr Sohn Ferdinand (*1.8.1790) bekommt von seinem Stiefvater Jakob Hauser den Schmiedebetrieb übertragen.

Schmied

20.8.1816	Der Hufschmied Ferdinand Manhart heiratet die Schuhmacherstochter Maria Hechtl (*1790) aus der Au. Das Ehepaar bringt sechs Kinder zur Taufe.
6.10.1826	Ursula Hauser, die Witwe von Johann Manhart und Jakob Hauser, wird beerdigt.
29.3.1829	Maria, die Frau des Schmieds, stirbt mit nur 39 Jahren.
3.8.1829	Der Witwer Ferdinand heiratet wegen seiner fünf unmündigen Kinder umgehend Therese Plattensteiner (*13.10.1805), die Schuhmacherstochter von Haus Nr. 41. Für die drei Buben werden 600 Gulden, für die zwei Mädchen 400 Gulden Muttergut festgelegt.
13.5.1830	Paul, das einzige gemeinsame Kind der beiden, wird nur vier Monate alt.
11.3.1831	Ferdinand stirbt ebenfalls sehr früh.
29.5.1831	Die Witwe Therese heiratet gleich wieder einen Schmiedemeister, nämlich Georg Eder (*28.3.1800) aus dem Landgericht Vilsbiburg. Von ihren fünf Kindern sterben drei als Baby.
15.1.1839	Der alte Schmied Jakob Hauser stirbt mit 79 Jahren.
1860	Das Schmiedeanwesen geht auf den Sohn Georg Eder (*24.11.1835) über. Laut Grundstückskataster gehören zum Besitz ein Wohnhaus mit gewölbtem Keller, die Schmiedewerkstätte sowie eine Remise, eine Holzhütte, ein Sommerhäuschen, eine 1852 neu erbaute Beschlagbrücke (überdachter Platz vor der Werkstätte zum Beschlagen der Pferde), ein Wurzgarten und mehrere Äcker mit 8,3 Hektar.
19.2.1868	Georg Eder heiratet Anna Moser, eine Hausbesitzerstochter aus München.
14.8.1870	Georg wird schon mit 35 Jahren beerdigt.
1873	Seine Witwe heiratet Adolph Fischer (*1845), der bis 1904 die Schmiede leitet. Er ist ehrenamtlicher Vorsitzender der städtischen Armenpflegschaft in Giesing. Nach seinem Tod führt Anna Fischer, geborene Moser, verwitwete Eder, die Schmiede bis 1911, dann ihre Tochter Auguste.
1913	Abbruch des gesamten Anwesens wegen Verbreiterung der Tegernseer Landstraße. Die schon seit längerem neben der Schmiede betriebene Eisenwarenhandlung wird von August Thalmayr gekauft und mit der von ihm in der Tegernseer

Landstraße 103 betriebenen Spenglerei zusammengelegt. Er ist mit Sophie, einer Tochter der Ostermayerbäuerin Maria Niedermaier, geborene Pauly, verheiratet. Er übergibt 1920 den Betrieb an seine jüngste Tochter Anna, die mit Henning Nilson aus Schweden verheiratet ist. Das Eisenwarengeschäft wird erst im Dezember 1992 von deren Nachfolgern aufgegeben.

Die Schmiede selbst wird an der Tegernseer Landstraße 115 fortgeführt, wird ab 1924 von Alois Nieberle übernommen und besteht bis 1959.

Zubau Wirt zu Giesing

Haus Nr. 40, heute Tegernseer Landstraße 112

Im Kataster 1812 als Zubauhaus beim Anwesen Wirt zu Giesing (Haus Nr. 1) auf eigener Grundstücksnummer aufgeführt.

Schuster

Haus Nr. 41, später Nr. 31, dann Bergstraße 18, später Bergstraße Nr. 9, heute Grünfläche zwischen Bergstraße 11 und Zehentbauernstraße 2

Das Schusteranwesen ist ursprünglich eine Sölde im Eigentum des Angerklosters in München. 1671 sitzt Georg Fuechser leibrechtig auf dem Haus. Die genaue Lage dieser Sölde ist nicht mehr nachvollziehbar.

1766 ist Franz Plattensteiner, ein Schuster und damit Namensgeber des Hauses, der Eigentümer des Anwesens, das auch nach dem früheren Besitzer Fuechser zum Fuchsschuster genannt wird.

Franz Plattensteiner vertauscht 1786 diese Sölde gegen den Apothekerhof (Haus Nr. 19). Zur Geschichte der Familie Plattensteiner, die seit 1700 in der Au nachweisbar ist, siehe die Chronik des Apothekerhofs. Franz überlässt 1797 seinem Sohn Andreas die Schustergerechtigkeit. Dieser erwirbt 1813 ein Nebengebäude vom Altwirt (Haus Nr. 16) als neuen Wohnsitz »beim Schuster«, das Haus Nr. 41. Der Enkel Michael, der mit der Nachbarstochter Kreszenz Pauli aus dem Ostermaierhof (Haus Nr. 13) verheiratet ist, wird sein Nachfolger.

Das Haus steht noch bis zum Zweiten Weltkrieg.

Häusl am Keller

Haus Nr. 42, heute Ecke Wirtstraße / Harlachinger Weg

Das als Herberge bezeichnete Häusl steht im Garten des Hauses Nr. 8, beim Fock, ebenfalls noch auf einem Grundstück der Hofmark Eurasburg an der Ecke Wirtstraße / Harlachinger Weg (heute Grünfläche). Es ist vermutlich erst um 1800 gebaut und schon vor 1930 abgebrochen worden.

Metzger

(Kothhub, Küchlmayrhof)

Haus Nr. 43, später Bergsteig 2, heute Grünfläche Am Bergsteig

23.12.1418 Die Kothhub gehört zu den Besitzungen in Ober- und Niedergiesing, die der Bürger zu München Hanns Pirmeyder und seine Ehefrau Elspet für 460 neue ungarische Gulden an das St.-Klara-Kloster am Anger in München verkauft hat.

1457 Im Salbuch dieses Jahres ist vermerkt, dass ein zweiter Hof, Stainhub genannt, der ebenfalls zu diesen Besitzungen gehört, mit der Kothhub zusammengelegt ist: »die paut man zueinander und darauf jetzo sitzet der Erl von Harthausen«.

5.2.1458 Hanns Chirchmayr erhält den Hof mit Zubehör zu Obergiesing für drei Jahre. Als Gilt hat er die ersten zwei Jahre 2 Scheffel Roggen, ½ Scheffel Weizen, 1 Scheffel Gerste und 4 Scheffel Haber zu entrichten, im dritten Jahr 2 Scheffel Roggen, 1 Scheffel Weizen, 1 Scheffel Gerste und 4 Scheffel Haber, außerdem jedes Jahr 60 Pfennig Wiesgeld, 12 Pfennig als »Weisat«, 2 Gänse, 6 Hühner und 75 Eier. Als Bürgen sind neben zwei Münchner Bürger seine Brüder Ulrich zu Perlach und Thomas zu Grasbrunn aufgeführt.

1.9.1505 Kunz (Konrad) Peck erhält das Lehensrevers für das Gut in Giesing, das die Äbtissin Katherina Adelmann nach der im Krieg mit den Pfalzgrafischen (Landshuter Erbfolgekrieg) verursachten Feuersbrunst wiederherstellen hat lassen.

7.3.1541 Die Äbtissin Anna Schrenk erteilt Kunz Peck das Lehensrevers. Es könnte bereits der Sohn des gleichnamigen Peck von 1505 sein. Als Gilt hat er alljährlich den dritten Teil des Getreides oder eine jeweils nach der Kornschau zu vereinbarende Menge Getreide ins Kloster zu liefern. Auch soll er jährlich »in die Stift kommen« und 45 Pfennig Wiesgilt, 12 Pfennig Stiftgilt, 12 Pfennig »für ein Hochzeit« entrichten. Außerdem hat er jährlich 100 Eier, 6 Hühner und 2 Gänse als Abgabe zu leisten.
Kunz Peck und seine Hausfrau Margreth haben seit 1533 auch das Leibrecht für eine Hofstatt, die zwischen dem Lehen von St. Margareth in Harthausen (Zehentbauer, Haus Nr. 21) und dem Lehen Unserer Lieben Frau von

Metzger

Höhenkirchen (Sattlerbauer, Haus 17) steht. Als Zins haben sie dafür jährlich 80 Pfennig zu entrichten. Diese Hofstatt ist später das Anwesen Hainzn (Haus Nr. 20). Das Kloster hat es 1488 mit anderen Besitzungen von Stephan und Wolfgang Schmiehen zu Wackerstain erworben.

27.2.1542 Das Lehensrevers für das Gut samt Zubehör wird der Elisabeth Weber zu Giesing erteilt. Als Gilt sind die gleichen Bedingungen wie 1541 angesetzt. Die Hofstatt ist anscheinend bei den Pecks verblieben.

24.2.1549 Uetz (Ulrich) Obermair bestätigt Anna Schrenck, Äbtissin des Angerklosters, die dem Kloster gehörige Hube, genannt Kothhueb zu Giesing, erhalten zu haben. Als Zins hat er dem Kloster alljährlich zu München 45 Pfennig Wiesgilt, 12 Pfennig Stiftgilt und 12 Pfennig für eine Hochzeit zu entrichten sowie 100 Eier, 6 Hühner, 2 Gänse und den dritten Teil oder eine nach der Kornschau zu vereinbarende Menge Getreide zu liefern.

2.5.1574 Hanns Bauer bestätigt der Äbtissin Elisabeth des Angerklosters den dem Kloster gehörigen Hof zu Obergiesing erhalten zu haben. Er verpflichtet sich als Zins jährlich ½ Scheffel Weizen, 1 Scheffel Korn, 1 Scheffel Gerste nach München ins Kloster zu liefern, außerdem 40 Pfennig Wiesgilt, 28 Pfennig Stiftgilt, 12 Pfennig für eine Hochzeit und 100 Eier, 6 Hühner und 2 Gänse, dazu 30 Pfennig für eine Hofstatt (wahrscheinlich Haus Nr. 20).

1619 Der Küchlmaier, der neue Namensgeber des Hofs, hat die bloße Freistift für 40 Gulden Anfall erhalten.

1637 Kaspar Furtmiller werden 50 Gulden Leibgeld abverlangt.
Ein Nachfolger ist Hans Camerloher.

1651 Balthasar Prielmüller und seine Ehefrau Agatha erhalten das Leibrecht für 24 Gulden. Eine Verwandtschaft von Balthasar Prielmiller oder Prielmair, die schreibweise wechselt, mit der Besitzerfamilie des Schatzl (Haus Nr. 5 bis 1647) ist offen.

1663 Die Witwe Lisbet, vermutlich die zweite Frau von Balthasar vertauscht den Hof an Georg Seiz und dessen Frau Anna. Ihr neuer, eingetauschter Besitz ist nicht genannt. Es könnte aber der Zehentbauernhof (Haus Nr. 21) sein, da dort ein Balthasar Prielmiller ab 1671 als Besitzer genannt wird.

1671 Im Steuerbuch hat Georg Seitz das Leibrecht für den Hof mit 20 Joch und 3 Rössern.

24.9.1691 Anna, die Witwe von Georg Seitz, überlässt den Hof ihrer Tochter Maria und deren Ehemann, dem Witwer Bartholomäus Pointner. Die beiden entrichten 80 Gulden Leibgeld.

7.5.1727 Bartholomäus Poitner und seine Frau Maria verkaufen ihr Leibrecht am Hof an Andreas Hornsteiner und dessen Ehefrau Maria Magdalena für 1400 Gulden, nach Abzug der Fahrnis mit 200 Gulden. Zum Hof gehören 33 Tagwerk Wiesen und 37 Tagwerk Acker. Für Anfall sind 60 Gulden und für Abfahrt 30 Gulden zu entrichten, dazu 150 Gulden Leibgilt und 6 Gulden Freistift. Gilt und Stift erhält das Kloster: 34 Kreuzer 2 Pfennig Gilt, 3 Kreuzer 2 Pfennig Hochzeit, dazu 100 Eier, 6 Hühner, 2 Gänse, ½ Scheffel Weizen, 1 Scheffel Korn, 1 Scheffel Gerste und 2 Scheffel Haber. Zum Besitz gehört noch eine Hofstatt (Sechzehntelgütl, vermutlich auch Haus Nr. 20) für die 24 Kreuzer Gilt und 2 Kreuzer Stift zu zahlen sind.

15.9.1752 Maria Magdalena Hornsteiner, die Witwe von Andreas Hornsteiner, Bürger und Müller zu München (Besitzer der Hochbrückmühle im Tal 16) verkauft den Hof an Maria Theresia, die Ehefrau des Johann Carl Koth, ehemaliger Kammerdiener von Kaiser Karl VII.

4.2.1771 Maria Theresia Koth überlässt den ganzen Kothhof und ein Leerhäusl Dominikus Ignatius Koth. Er verpachtet am gleichen Tag den Besitz auf neun Jahre mit einer Pacht von 100 Gulden jährlich an Georg Schalck.

2.1.1792 Joseph Sailler, Metzger zu Haidhausen, erwirbt im Gantverfahren den fast gänzlich abgewirtschafteten Kotter- oder Kiechlmaier Hof zu Dorf und Feld. Sailler ist auch Besitzer des Schloss-/Metzgerangers in Haidhausen (heute Johannisplatz). Sein Beruf gibt dem Anwesen den neuen Hausnamen beim Metzger.

4.10.1799 Joseph Sailler verkauft den vierten Teil der Kiechlmaierhofgründe für 555 Gulden an Peter und Barbara Hager in Untergiesing.

4.11.1799 Joseph Sailler und dessen »Ehewirtin« Eva veräußern einen weiteren Teil der Kiechlmaierhofgründe an Michael und Apollonia Vogt im Hochhaus zu Obergiesing (Haus Nr. 8) zum gleichen Preis von 555 Gulden.

3.3.1802 Das zum Hof gehörige Leerhäusl mit einer eingadigen Wohnung und Stüberl übernimmt der Lederermeister Josef Wagner um 600 Gulden.

28.6.1804 Nach dem Tod von Joseph Sailler heiratet seine Witwe Eva den Metzger Thomas Lutz von Haidhausen.

29.4.1807 Den noch vorhandenen hölzernen Stadel und einen Garten erwirbt der Schrannenbauer Joseph Dafner (Haus Nr. 15), ein Acker geht an Ignatz Heim, Bichlmayerbauer (Haus Nr. 11) und andere Äcker an fünf weitere Käufer.

2.7.1807 Der Metzger Joseph Wagner und seine Frau Maria Anna erwerben für

Metzger

	1600 Gulden den Restkomplex aus dem Sturmhof (Haus Nr. 35), einen Stadl, Viehstall, Wassergrandl und Windmühle und auch die Resthälfte des zertrümmerten Kotter- oder Kiechlmayrhof gehen in ihren Besitz über.
8.7.1807	Aus dem zum zertrümmerten Kiechlmaierhof gehörenden viergemächigen Tagwerkerhaus wird je eine Herberge für je 100 Gulden an Johann Biechl, Joseph Biechl und Thomas Biechl, alle verheiratete Zimmermänner aus dem Gschwenderhof (Haus 23), und an den Tagwerker Joseph Untermair veräußert. Die Herbergen erhalten 1812 die Hausnummer 25 und werden zum Metzgerhäusl genannt (später Weinbauernstraße 4).
1812	Im Steuerbuch ist der Metzger Joseph Wagner (*1768) als Besitzer der 25 Tagwerk Acker und Wiesen genannt. Auf dem Haus Nr. 43 sind damit sowohl die Grundstücke des früheren Küchlmayr als auch der Rest des Sturmhofs erfasst.
7.12.1822	Joseph Wagner, Anwesensbesitzer auf Haus Nr. 43, verkauft 6 Tagwerk Acker an Bartholomäus Ludwig aus der Lohe zum Preis von 466 Gulden.
10.5.1833	Joseph Wagner, Metzger und Ökonom, stirbt mit 65 Jahren. Laut Matrikelbuch ist er verheiratet, aber »legitim« getrennt.
1837	Die von ihm getrennt lebende Ehefrau Anna Maria verstirbt mit 47 Jahren. Sohn Peter (*1800) wird der neue Eigentümer.
22.5.1839	Er verkauft sein Gesamtanwesen Haus Nr. 43 mit 3 Tagwerk Wiesen und 3 Tagwerk Acker für 3000 Gulden an den Milchmann Matthias Grömer (*8.9.1807), später Krämer geschrieben, den unehelichen Sohn einer Dienstmagd aus dem Innviertel. Er ist seit 23.7.1838 mit Therese Oswald (*10.5.1803) verheiratet. Sie haben am gleichen Tag das Anwesen an der Tegernseer Landstraße 69 erworben aber schon am 13.5.1840 für 1550 Gulden an den Milchmann Ferdinand Müller aus Perlach weiterverkauft.
15.12.1840	Der frühere Besitzer Peter Wagner stirbt.
27.5.1853	Die Stadtgemeinde München ersteigert das Anwesen mit Wohnhaus, Stall, Remise, Stallung, Wurzgarten und Sommerhäusl, das später im Zuge des Neubaues der Heilig-Kreuz-Kirche abgebrochen wird. Von den restlichen Grundstücken werden 8 Tagwerk am 2.5.1857 an den Tafernwirt Joachim Betz in Bogenhausen veräußert.

Haus Nr. 44, ehemals beim Kreuzwirth
bei Bergstraße 5

Das Haus steht auf einem ehemaligen Grund des Küchelmayrhofs (Metzger, Haus Nr. 43). Dazu gehören 5,69 Tagwerk Äcker, 1811 im Besitz des Kreuzwirts Joseph Hagn (siehe auch Haus Nr. 5).

1815 ist der Zimmermann Franz Greif Besitzer dieses als Herberge bezeichneten Hauses, aber ohne die Ackerflächen.

Ihm folgt um 1836 der Zimmermann Michael Schmid als Eigentümer des nun als Wohnhaus bezeichneten Anwesens. Nach 1856 ist das Haus an der Schulhausgasse 18 auf den Straßenplänen nicht mehr vorhanden.

Birkenleiten

Haus Nr. 67, heute Birkenleiten 15

Schloss Birkenleiten um 1920.

1732 Truchsess Winkelsperg erhält 1732 vom Kurfürsten Karl Albrecht auf Erbrecht 20 Tagwerk öden Grunds zur Umwandlung in Wiesen und Feldgründe in der »Giesinger Aue« oberhalb und unterhalb der Papiermühle (spätere Getreidemühle, die sogenannte Kraemermühle, Haus Nr. 68). Er baut darauf eine kleines Schlösschen.

Nach Vergrößerung durch Zukäufe weiterer Gründe wird die nunmehrige Hofmark Birkenleiten 1763 zum Edelsitz erhoben. Das Gut umfasst 1812 169 Tagwerk Grund.

Der königlich bayerische Geheime Rat und Oberappellationsgerichtsdirektor Lorenz von Aichberger (seine verstorbene Gattin Maria Anna Freyin von Lafabrique ist die Tochter von Adrian von Lafabrique, der seit 1746 Eigentümer von Birkenleiten ist), verkauft als Besitzer und im Namen seiner verstorbenen Gattin und dem Sohn Franz de Paula, am 22.2.1817 den inzwischen ehemaligen Edelsitz an den Hausmeister (Direktor) des Strafarbeitshauses in der Au Johann Georg Reiter für 22 000 Gulden. Nach dem Tod von Johann Georg am 8.2.1821, er hinterlässt sechs Kinder im Alter von fünf bis 13 Jahren, heiratet seine Witwe Walburga am 9.4.1822 Wolfgang Windsperger, den jetzigen Hausmeister des Strafarbeitshauses. Das Ökonomiegut wird im Heiratsbrief gerichtlich mit 49.062 Gulden angesetzt (darauf aber 30 000 Gulden Vatergut liegen). Bei der Geburt des dritten Kindes stirbt am 19.4.1826 Walburga mit 41 Jahren. Am 12.1.1829 heiratet Wolfgang Windsperger (*9.12.1789) die Majorswitwe Therese Steinmetz (*7.5.1786), die kurze Zeit vorher für drei Jahre Eigentümerin des Sturmhofs (Haus Nr. 35) in Obergiesing ist. Windsperger wird Gemeindevorsteher des Dorfs Obergiesing.

Ab 1840 Windsperger parzelliert seine große Wiese an der heutigen Birkenau in kleine Baugrundstücke und verkauft sie laufend: 10 Flächen 1840, 10 auch 1841 und 7 1842/43 mit jeweils 3600 Quadratschuh (12 Quadratschuh = 1 Quadratmeter). Seine zweite Frau Therese stirbt am 8.9.1842 mit 56 Jahren.

1845 Am 15.10.1845 veräußert Windsperger sein Gesamtgut Birkenleiten, bestehend aus einem eingemächigen Haus mit Stall und Holzhütte (der erste Bau der Landwirtschaft von 1732), dem Schloss mit allen Nebengebäuden und 222 Tagwerk Grund an Karl von zur Westen, Rittmeister im Kürassierregiment »Prinz Carl«, für 60 000 Gulden.

1854 Der Weiterverkauf des Schlosses mit allen Feldgründen am 15.9.1854 an den Magistrat der Stadt München ist das Ende des Ökonomieguts Birkenleiten, das in der Kaufurkunde so beschrieben ist:
Das Schlossgebäude, Kuhstall mit Heuboden zu 62 Stück Vieh, das daranstoßende Gebäude enthaltend Pferde-, Hühner-, Schweinestall, Streuhalle, Zimmerhalle (Holzhalle), Chaisenremise, Heuboden und Getreidekasten, eine große Wagenremise, ein Stadel mit 2 Dreschtennen und einen Getreidekasten, ein Gewächshaus, ein Wagenschuppen.
Der Grund umfasst 111 Tagwerk Äcker, 20 Tagwerk Wiesen, 4 Tagwerk Holz am Harlachinger Hang und 67 Tagwerk Holz im Grünwalder Bezirk.

Die landwirtschaftlichen Flächen werden von der Stadt überwiegend an die Obergiesinger Bauern versteigert. An den Grundstücken am Mühlbach entstehen Industriebetriebe (bis zum Ende des Zweiten Weltkriegs).

Das Schlossgebäude wird von der Familie Kraemer, die seit 1863 Besitzerin der gleichnamigen Mühle (Haus Nr. 68) ist, erworben.

Papiermühle, später Kraemermühle
Haus Nr. 68, heute Birkenleiten 41

Kraemermühle, aufgenommen 1932 vom Harlachinger Weg aus.

9.11.1701   Geheimrat Baron Mayr zu Harlaching erhält von Kurfürst Max II. Emanuel die Erlaubnis, eine neue Papiermühle unterhalb von Harlaching am Auer Mühlbach zu errichten – trotz der Proteste der alten Münchner und Auer Papiermüller.
Der erste Pächter ist Johann Karg, dann sein Bruder Michael.

26.5.1705   Im Matrikelbuch der Heilig-Kreuz-Kirche ist die Hochzeit des Witwers Johann Jakob Mayr, Papiermüller in Obergiesing nächst Harlaching, mit Anna Maria Streicher aus München eingetragen.
Die Mühle bleibt bis circa 1770 im Besitz dieser Familie Mayr. Die Witwe eines Nachkommen verpachtet die Mühle an den Papiermüller Anton

Papiermühle, später Kraemermühle

Weidenauer, der um 1774 die Mühle dann wie seine Vorgänger als Freistifter der Eigentümerfamilie des Baron Mayr übernimmt.
Sohn Matthias Weidenauer, verheiratet mit Creszentia Muck, wird sein Nachfolger.

3.4.1810 Nach dem Tod von Matthias ehelicht die Witwe Michael Brandmiller. Den vier Kindern Joseph, Anna, Matthias und Theresia wird je 3000 Gulden Vatergut zu gesprochen. Neben der Mühle gehören noch 19,14 Tagwerk Wiesen und Holz zum Besitz.

7.6.1811 Um halb 4 Uhr früh brennt die Mühle ab. Nach dem Wiederaufbau wird sie weiterhin von Michael Brandmiller betrieben.

1.2.1821 Die Freiherrn von Mayr überlassen die ihnen bisher eigentümlich angehörige Papiermühle als volles freies Eigentum, insbesondere die an diese Papiermühle verliehenen Privilegien, dem bisherigen Freistifter Michael Brandmiller zum Preis von 1600 Gulden.

10.7.1821 Nach dem Tod von Kreszentia Brandmiller, Papierfabrikantensgattin, wird auch das Muttergut mit 12 000 Gulden für die Stiefkinder angesetzt.

4.9.1821 Der Witwer Michael (*6.3.1778,) heiratet Maria Anna Schlutt (*30.12.1795), eine Brauerstochter aus Holzkirchen. Der Wert des Mühlenbesitzes wird gerichtlich mit 49 891 Gulden aufgenommen, wovon 32 577 Gulden als Kindergeld haften.
Der Sohn Matthias erhält zum Beispiel am 19.10.1824 von seinem Stiefvater Michael Brandmiller 6000 Gulden als Vater- und Muttergut ausbezahlt.

11.6.1832 Auch seine zweite Frau Maria Anna stirbt.

29.7.1832 Seine dritte Frau wird Maria Anna Streicher (*12.4.1812), eine Lederfabriksinhaberstochter.

26.8.1844 Michael Brandmiller ist tot. Er hatte mit seiner dritten Frau Maria Anna Streicher noch sieben Kinder, das Jüngste wird erst nach seinem Tod am 13.1.1845 geboren.
Die Witwe wird Alleinbesitzerin. Den fünf lebenden minderjährigen Kindern wird als Vatergut je 7200 Gulden zugesprochen.

31.5.1849 Anton Buchner (*18.12.1813) heiratet die Witwe und übernimmt auch die Mühle.

7.7.1863 Carl Jakob Kraemer, der Sohn des Pächters der Stadtmühle von Cannstatt, erwirbt die Papiermühle und baut sie in eine Getreidemühle nach dem neuesten technischen Stand um.

Papiermühle, später Kraemermühle

28.12.1891 Seine Söhne Friedrich und Otto übernehmen einen modernen Betrieb (»Kunstmühle«), der mit 350 000 Mark bewertet ist.

28.7.1906 Carl Jakob Kraemer, der erste »Kunstmüller«, stirbt und wird am Alten Südlichen Friedhof begraben. Nach dem Ausscheiden von Friedrich Kraemer geht die Firmenleitung auf Otto über. Dessen Söhne Heinz und Walter leiten nach ihm die Mühle, dann die Enkel Reinhard und Thomas.

Nach der Kriegszerstörung 1944 wird die Mühle neu aufgebaut und am 1.10.1949 wieder eingeweiht. Im Juli 2007 wird der Mahlbetrieb der Kraemermühle aus Standort- und Konkurrenzgründen eingestellt.
Die Eigentümerfamilie hat für die Mühlengebäude eine neue Nutzung gefunden. Der Siloturm wurde vollständig abgebrochen und durch einen originalgetreuen Neubau ersetzt. Im entkernten Hauptgebäude sind die ehemaligen Nutzungszwecke des Mühlbetriebs zum Teil noch sichtbar erhalten geblieben. Die Kraemersche Kunstmühle beherbergt heute eine Kindertagesstätte, zahlreiche Büros und eine Kaffeerösterei mit dazugehörigem Café. Auch die vom Auer Mühlbach betriebene Turbine liefert wie früher noch Strom.

Sitz Pilgersheim

Haus Nr. 69, heute Pilgersheimer Straße 38

Die Lederfabrik, vormals Sitz Pilgersheim, kurz vor dem Abbruch 1930.

Um 1780 erwirbt Kommerzienrat und Hofbankier Franz Anton von Pilgram ein Häuschen mit Garten in der Nähe des »Kühbächls« sowie weitere Grundstücke an der Grenze zur Falkenau. Am 15.11.1784 wird im vom Kurfürsten Karl Theodor gestattet, darauf den Sitz Pilgersheim zu errichten. Dies führt zu erheblichen Streitigkeiten mit dem Nachbarn, der Gräfin von Toerring-Seefeld, der Besitzerin des Edelsitzes Falkenau und Inhaberin der Jurisdiktion, zu der auch Pilgersheim gehört. Noch während des langwierigen Gerichtsprozesses geht der Besitz auf andere Eigentümer über:

Ferdinand Leopold Reichsfreiherr von Adrian-Werburg, der das Gut über eine Lotterie ausspielen lässt. Gewinner ist 1798 Ferdinand Reichsfreiherr von Horben zu Ringelberg und dann 1802 Staatsrat Joseph von Hazzi, der auch auf Pilgersheim wohnt.

1812 umfasst der Besitz 53 Tagwerk. Eigentümer ist der Lederfabrikant Ignatz Mayr. Im Pastoralgrundbuch ist vermerkt: »Den 14.7.1817 wurde Titl. Hr. Ign. J. Bapt. Mayr K. Lederfabrikant und Großhändler nach abgelegt israelitischen Glaubensirrtum zur wahren christ. kathol. Religion bekehrt und samt seiner Familie, Gattin und 3 Kinder in seinem Hause in der oberen Falkenau getauft.« Seine Frau ist eine Schwester von Simon von Eichthal, dem Mitbegründer der Bayerischen Hypotheken- und Wechselbank und Eigentümer der Schrafnagelmühle. Das Schlösschen Pilgersheim stand an der Pilgersheimer Straße 38, die Fabrik, die größte Lederfabrikantion ihrer Zeit, auf dem Gelände zwischen Lohe, Candidplatz, Pilgersheimer- bis zur Cannabichstraße.

»Loher Wirt«
Haus Nr. 90, dann Berggasse 31, heute Ecke Loh- / Kupferhammerstraße

Der »Loher Wirt«, Zeichnung von 1883.

Zu den Besitzern landwirtschaftlicher Grundstücke im Dorf Obergiesing zählt auch der Wirt in der Lohe unterhalb des Giesinger Bergs. 1726 ist im Matrikelbuch der Heilig-Kreuz-Kirche erstmals ein Wirt in der Lohe als Vater einer Tochter vermerkt. Im Grundstückskataster 1812 gehören 26 Tagwerk zur Wirtschaft.

Im Nachlass eines Wirts sind 1846 insgesamt 74 Tagwerk Grundstücke aufgezeichnet. Ab 1872 Verkauf aller nicht benötigten Flächen und Errichtung eines neuen Wirtshauses mit den dazugehörigen Nebengebäuden.

Bei der Regulierung des Giesinger Bergs werden alle alten Wirtschaftsgebäude abgebrochen und direkt am Giesinger Berg 5 ein Wohnhaus mit neuen Gastwirtschaftslokalitäten unter anderem auch einem großen Saal gebaut. Im Zweiten Weltkrieg Zerstörung aller Gebäude.

Der Neubau des »Loher Wirts« am Giesinger Berg um 1930, Teilansicht.

Schrafnagelmühle

Haus Nr. 127, später Lohstraße 46 (früher Bäckermühle), heute Lohstraße 46

Die Schrafnagel-, spätere Bäckermühle, um 1930.

Diese Mühle ist das älteste namentlich bekannte Anwesen des Dorfs Obergiesing. Sie gehörte mit zum Dorf, auch wenn sie unterhalb des Bergs am Mühlbach lag.

- 957–972 Der Edle Wolftregil übergibt eine Mühle »ad Kiesingun« mit 12 Jauchert Acker an den Bischof Abraham in Freising. Bei dem Mühlenbetrieb ist somit von Anfang an eine Landwirtschaft dabei.
- 1158 Ein Edler von Ast, ein Ministeriale der Grafen von Andechs, schenkt die Mühle samt dem Lehen dem Kloster Schäftlarn.
- 1451 Das Kloster Schäftlarn verleiht die Mühle an Oswald Rueshaimer. Als Zeuge der Beurkundung wird der Müller Friedrich Schrafnagel aufgeführt.
- 1467 Der Rueshaimer zinst noch auf der Mühle.

Schrafnagelmühle

1476   Nach dem Tod von Oswald wird sein Sohn Balthasar der Nachfolger. Das Kloster nimmt aber die Leibgedingsgerechtigkeit zurück und entschädigt ihn für die baulichen Aufwendungen, die schon sein Vater für die Mühle machte.

1515   Im Klosterurbar ist Kunz (Konrad) Höchstetter der Müller. Er gibt jährlich 28 Schilling Münchner Pfennig und 20 Pfennig zu Weihnachten, als Kuchldienst 100 Eier, 2 Gänse, 3 Hühner, ½ Sack Gerste und ½ Sack Hafer.

1520   Gredel Schraffnagl wird als Müller genannt.

1530   Wolfgang Ranpoger und seine Ehewirtin Ursula erhalten den Freistiftsbrief über die Mühle zu Obergiesing. Da die Mühle vom Vorgänger in heruntergekommenem Zustande verlassen wurde, liefert das Kloster 2 Schnittflöße und 12 Eichenstämme für die Reparaturmaßnahmen.

1549   Nennung der Mühle mit dem Hausnamen zum Schrafnagel.
Die Mitglieder der Familie Schrafnagel bewirtschaften fast gleichzeitig fünf Mühlen im Münchner Raum.

1572   Nach dem Tod des Vaters bekommt sein Sohn Matthias Ranpoger die Mühle und als dieser stirbt, führt seine Witwe den Mühlenbetrieb weiter.

1592   Da es mit dem Betrieb allmählich abwärts ging, verkaufte sie mit Einwilligung des Klosters die Mühle an ihren Schwager Paul Ranpoger.

1597   Tod von Paul Ranpoger

20.8.1601   Abt Leonhard und der Konvent von Schäftlarn überlassen die Mühle leibgedingweise dem Klosteruntertan und Müller Hans Spätt zu Giesing und seiner Frau Margaretha »leibslebenlang« für 32 Gulden jährliche Gilt.

5.5.1638   In einer Urkunde wird der Sohn Georg Spätt, Bürger und Müller zu München, als Nachfolger seiner verwitweten Mutter Margaretha genannt. In dieser Urkunde überlässt diese 3½ Joch Acker an das Margarethen Gotteshaus in Harthausen (siehe auch Zehentbauer) und dem dortigen Kirchenprobst Simon Spätt.

1641   Leonhardt Schmidt ist Schrafnagelmüller.

1659   Er zahlt nur noch 30 Gulden als Zehent.

1671   Im Steuerbuch ist Franz Schmidt als Müller und Besitzer eines Lehengütls aufgezeichnet.

18.4.1678   Abt und Konvent des Kloster Schäftlarn verleihen ihre Mühle zu Ober-

Schrafnagelmühle

giesing und das Lehengütl freistiftsweise Hans Streicher, gewester Schwaiger zu Laufzorn (bei Grünwald).

Hans Streicher hat die auf 6000 Gulden geschätzte Mühle für 2150 Gulden auf der »Vergantung« des vorherigen Besitzers Franz Schmidt erworben. Neben der Getreidemühle besteht mindestens seit 1641 auch eine Sägmühle, die jedoch auf churfürstlichem Grund gebaut worden war. Sie liegt auf der linken Bachseite. Der Müller triftet die Schnittbäume von der heutigen Marienklause den Mühlbach herunter zu einer Floßausreit.

16.2.1693 Der Schrafnagelmüller Hans Streicher beschwert sich, dass durch den Bau der neuen Papiermühle (später »Kraemermühle«) der Mühlbach dergestalt umgebaut wurde, dass sein Mahlwerk wesentlich gestört ist.

1699 Ein Brand vernichtet die Mühle.

14.12.1700 Sein Sohn Franz Streicher übernimmt die Mühle mit 4 Mahlgängen sowie das Lehen und heiratet Elisabeth Kälbl, die Tochter von Balthasar und Maria Kälbl, die ebenfalls zu einer großen Münchner Müllerfamilie gehören.

6.5.1705 Franz Streicher ist verstorben. In einem Vergleich verspricht der Vater der Witwe Elisabeth, die vorhandenen Schulden abzuzahlen.

17.1.1707 Die Witwe Elisabeth Streicher heiratet Alexander Mayr von Berg aus der Hofmark Eurasburg.

10.6.1709 Das Eigentum am Mühlenbetrieb bleibt im Familienbesitz, denn nach dem Tod von Franz ist seine verwitwete Mutter Katharina Besitzerin und sie übergibt die auf 3300 Gulden geschätzte Mühle an ihren zweiten Sohn Joseph. Die Witwe Elisabeth erhält 600 Gulden, ihre Kinder Franz Adam und Maria Theresia erhalten je 400 Gulden.

5.8.1709 Der neue Schrafnagelmüller Joseph Streicher heiratet Maria Steurer aus Solalinden bei Putzbrunn. Den beiden werden vier Kinder geboren.

6.7.1723 Nach dem Tod seiner Frau heiratet Joseph die Tochter des Wirts von Obergiesing (Haus Nr. 1) Therese Schmader. In dieser Ehe werden weitere fünf Kinder geboren.

17.3.1725 Joseph Streicher erwirbt den zum Beneficium St. Salvator auf dem äußeren Gottesacker vor dem Sendlinger Tor grundbar gehörigen Lambacher Hof in Obergiesing für 800 Gulden vom Kloster der Herrn Paulaner ob der Au.

1734 Joseph Streicher ist nicht mehr am Leben, denn in einer Quittung wird Maria Streicher als Witwe bezeichnet.

Schrafnagelmühle

17.6.1739 Sohn Joseph (*8.9.1710) aus der ersten Ehe seines Vaters Joseph heiratet Anna Aichler von Perlach und übernimmt das Anwesen. Sechs Kinder kommen zur Welt.

13.2.1758 Nach dem Ableben von Joseph heiratet seine Witwe Anna Paul Loiblmayr. Dieser wird aber nicht Miteigentümer der Mühle.

7.2.1760 Die beiden verkaufen den Lambacher Hof um 1500 Gulden.
Späterer Käufer der Grundstücke ist am 9.10.1783 Joseph Schmäder, Wirt zu Obergiesing Haus Nr. 1. In der statistischen Beschreibung von 1760 ist der Lambacher Hof nicht mehr aufgeführt. Die genaue Lage der Hofstelle selbst ist nicht mehr feststellbar.

4.10.1781 Anna Loiblmayr ist tot.

9.2.1784 Sohn Joseph Streicher (*5.10.1752) aus der ersten Ehe erhält den Mühlenbetrieb und heiratet Elisabeth Reismüller. Im Matrikelbuch wird die Geburt von vier Kindern genannt.

20.2.1799 Joseph Streicher stirbt mit 48 Jahren.

30.7.1799 Witwe Elisabeth heiratet Matthias Wagmüller aus der Au.

1807 Die zum zweiten Male Witwe gewordene Elisabeth Wagmüller überlässt den Besitz ihrer Tochter Anna (*2.9.1786), die mit dem Kramer Simon Westermayr aus der Au verheiratet ist. Drei Mädchen kommen zur Welt, die alle aber nicht älter als zwei Jahre werden.
Das Mühlanwesen besteht aus einem ganzgemauerten Haus mit Ziegeln gedeckt, einer halbgemauerter Pferd- und Kuhstallung, einer an das Haus angebauten Mahlmühle mit vier Gängen und einer freistehenden Sägmühle mit Schindeln gedeckt. Der Wert wird mit 16 472 Gulden beziffert.
Die verheiratete Schwester Franziska (*14.12.1784) und ihre ledigen Brüder Joseph (*9.1.1789) und Leonhard (*20.1.1794), beide Mühlknechte, erhalten je 2200 Gulden Vatergut.

1812 Im Kataster umfasst der Besitz das Wohnhaus, die Mühle Haus Nr. 127 mit 35,89 Tagwerk Acker, Wiesen und die Bergleiten sowie das Haus Nr. 62.

28.9.1820 Simon und Anna Westermayr verkaufen um 20 750 Gulden die zum ehemaligen Kloster Schäftlarn, nun zum Königlichen Rentamt München freistiftsweise grundbare Schrafnagelmühle und das sogenannte Schusterhaus an Michael Neumüller aus München und seine angehende Ehewirtin Anna Maria Zimmermann, die Tochter des Heilig-Geist-Müllers Johann Zimmermann.

Schrafnagelmühle

Weitere Grundstücke aus seinem Besitz veräußert Westermayr an den Milchmann Joseph Gebhart (siehe Haus Nr. 26) am 28.11.1820 und am 6.4.1825 das zum Landrentamt München erbrechtig grundbare Wohnhaus Haus Nr. 62 samt Stadl mit 6 Tagwerk (später Pilgersheimer Straße 9).
Eine Wiese mit 22 Tagwerk, wovon aber die Isar 18 Tagwerk weggerissen hat, erwerben am 30.5.1821 die Relikten (Erben) des Ökonomiegutsbesitzers Georg Reiter von der Birkenleiten. Westermayr betreibt Grundstücksspekulationen, da er gelegentlich auch Grundstücke wieder dazukauft.

16.1.1822 Die Eheleute Neumüller verkaufen das Mühlenanwesen für 17 500 Gulden an Johann und Walburga Schöttl, bürgerliche Bäckerseheleute.

8.10.1822 Weiterverkauf der Schrafnagelmühle an Theres Duschl, bürgerliche Bierbrauerstochter von Aibling, und ihren angehenden Ehemann Sebastian Oswald, Hofmüllerssohn, ebenfalls aus Aibling, zum Preis von 21 200 Gulden.

12.12.1822 Sebastian Oswald erwirbt von Simon Westermayr noch weitere Grundstücke mit 10 Tagwerk.

14.6.1823 Sebastian Oswald (*15.2.1792) und Theres Duschl (*9.7.1802) heiraten.

2.12.1825 Sebastian Oswald bittet das Landgericht um die Erlaubnis, das ihm gehörige Haus Nr. 125 in acht Herbergen aufteilen zu dürfen, da wegen eines großen Unglücks (wahrscheinlich ein Brand) er gezwungen ist, das Mühlengebäude, die Sägemühle und das Haus wiederaufzubauen. Die Genehmigung wird ausnahmsweise am 9.5.1826 erteilt und Oswald verkauft die acht Herbergen (später Haus Nr. 47 in der Lohstraße).

6.12.1825 Das Matrikelbuch vermerkt den Tod von Simon Westermayr, dem inzwischen auch die Kainzmühle im Lehel gehört. Die Witwe Anna, Kainzmüllerin genannt, heiratet dann Simon Zollner. Die Kainzmüllers Eheleute Zollner sind die Paten der neun Kinder von Sebastian und Theres Oswald. Oswald ist ab 1828 Gemeindevorstand, 1837 ist er auch Mitglied der Kirchenverwaltung in Obergiesing.

30.3.1837 Ablösung des Grundobereigentums durch Oswald gegen Zahlung von 915 Gulden.

29.9.1837 Die Eheleute Oswald verkaufen die Schrafnagelmühle mit der Bergleite und die auf der anderen Seite des Mühlbachs gelegene Schneitsäge, die Öl- und Gipsmühle und das Baumlager mit den dazugehörigen Grundstücken um 39 000 Gulden an den Freiherrn Arnold von Eichthal.
Die Äcker und Wiesen in Obergiesing bleiben im Besitz der Familie Oswald

Schrafnagelmühle

(siehe Grafenbauer, Haus Nr. 1). Die Familie von Eichthal stammt aus Leimen bei Heidelberg (ursprünglich Seligmann, Erhebung des Vaters Aron Elias 1814 in den Adelsstand).

Die Schwester von Arnold, Chaila, ist mit dem Besitzer der Lederfabrik in der Lohe, Ignatz Mayr, verheiratet. Nach seinem Tod wird Arnold von Eichthal 1836 alleiniger Eigentümer der Lederfabrik.

24.10.1838 Die Erben des zu Paris verstorbenen Freiherrn Arnold von Eichthal, August und Wilhelm von Eichthal und Karoline von Haeslin, geborene Freiin von Eichtal, haben die durch den Tod ihres Vaters geerbte Ledermanufaktur zu Pilgersheim sowie die Schrafnagelmühle an den königlichen bayerischen Hofbankier Simon Freiherr von Eichthal für 120 000 Gulden verkauft. Simon von Eichthal ist der jüngste Bruder von Arnold und ist Mitbegründer der Bayerischen Hypotheken- und Wechselbank im Jahr 1835.

30.6.1855 Nach dem Tod von Simon von Eichthal wird sein Sohn Julius (*7.6.1822) Besitzer der Schrafnagelmühle.

28.11.1857 Franz Xaver Schegerer erwirbt die Mühle um 80 000 Gulden.

29.8.1859 Neuer Besitzer wird Peter Fleischmann, der die Schrafnagelmühle für 90 000 Gulden kauft.

19.8.1861 Peter Fleischmann (*26.6.1828) heiratet die Bauern- und Ziegelmeisterstochter von Berg am Laim Theresia Graf (*14.10.1842). Sie betreiben den Mühlenbetrieb selbst und wohnen in der Lohstraße.

1880 Übernahme des Mühlengeländes durch die Bayerische Hypotheken- und Wechselbank.

1882 Neuer Besitzer ist die Firma Cohn und Bergmeister, die die Kunstmühle neu herstellt.

1883 Nächster Eigentümer ist die Bavaria AG.

1894 Die Münchner Bäckerinnung erwirbt die Mühle um 482 000 Mark, für die nun der Name Bäckermühle gebräuchlich wird.

15.8.1972 Einstellung des Mahlbetriebes (Abfindung für die Stilllegung 1 917 538 DM).

24.4.1980 Verkauf des Mühlengeländes für 5,3 Millionen DM an einen Investor und Bebauung mit einem Bürokomplex.

1989 Errichtung des kleinen »Kraftwerk Bäckermühle« durch einen Privatmann an der Stelle des früheren Turbinenhauses der Schrafnagel-/Bäckermühle.

Neugründungen landwirtschaftlicher Anwesen im 19. Jahrhundert

Die Verbesserungen für die Bedingungen des Getreide- und Kartoffelanbaus führen zu Beginn des 19. Jahrhunderts auch beim Dorf Obergiesing zur Ausweitung der landwirtschaftlichen Flächen in die angrenzenden Wälder. Dazu gehören die Höfe und Güter, die bei der Hausnummerierung 1836 mit den Hausnummern 128 bis 131 aufgezählt werden

Soyerhof

Haus Nr. 128, heute Soyerhofstraße 14–16

Sebastian Soyer, der Namensgeber dieses Guts, ist Hausmeister (Direktor) in der Ignatz-Mayr-Lederfabrik in der Lohe und Hausbesitzer in der Isarvorstadt (Au, Am Bereiter Anger). Er kauft in der Gemarkung Giesing vorwiegend forstwirtschaftliche Grundstücke, die dann für landwirtschaftliche Zwecke gerodet werden. Es entsteht ein neuer Hof.

3.8.1819	Erwerb von 2 Tagwerk Ackergrund von Christoph Schratzenstaller aus dem Paulanergütl (Haus Nr. 28) für 115 Gulden.
10.4.1821	Erwerb von 10 Tagwerk Holzgrund aus den Finanzrat von Schrödlschen Relikten (Nachlass Schallerhof, Haus Nr. 36) um 500 Gulden.
1.12.1826	Erwerb von weiteren 10 Tagwerk Holzgründen aus den Bierwirt Joseph Nußbaumschen Relikten um 300 Gulden.
8.11.1836	Zukauf von 17 Tagwerk Holz für 450 Gulden von Arnold von Eichthal, Besitzer der Lederfabrik.
2.7.1842	Hausmeister Sebastian Soyer verkauft mit Wissen seiner Ehefrau Maria Anna, geborene Lechner, sein Gesamtanwesen Haus Nr. 128 mit Wohnhaus, Nebengebäuden, Gemüsegarten und 37 Tagwerk Acker, Wiesen und Holz, ferner sämtlichem Inventar sowie 3 Zugochsen für 6000 Gulden an Seraphin Gleich, Verwalter beim Freiherrn Bernhard auf Guttenberg.
2.5.1843	Der Soyerhofbesitzer Seraphin Gleich schließt einen Pachtvertrag mit Alois Winterlachner aus Oberlautenbach, Gericht Rottenburg, über jährlich 300 Gulden.
4.7.1843	Seraphin Gleich veräußert das Anwesen an den Gutsbesitzer Konrad Magnus für 7000 Gulden. Anwesen und Grundstücke werden nun überwiegend ein Spekulationsobjekt für die nächsten Käufer und Besitzer.
24.4.1844	Nach dem Tod von Konrad Magnus wird seine Schwester Therese Magnus die Erbin. Sie veräußert das Anwesen an den Stadtwasenmeister (Abdecker) Anton Kuisel für 7050 Gulden.
6.2.1849	Weiterverkauf um 7650 Gulden an den Stahltiefdruckbesitzer Franz Schachhofer und seiner Ehefrau Klara.
18.12.1850	Ökonom Joseph Nußbaum ist neuer Besitzer. Der Kaufpreis beträgt nur 6750 Gulden.

Soyerhof

17.8.1852 Neue Käufer sind der Privatier Adolph von Coulon und dessen Gemahlin Karoline aus München für 7200 Gulden.

Der Soyerhof.

27.1.1853 Johann Maier, Wirt von Deining, und seine Frau Walburga kaufen das Anwesen um 7650 Gulden.

21.8.1853 Die Ökonomeneheleute Maier veräußern den Besitz für 8500 Gulden an die Lohnkutscherseheleute Konrad und Maria Kunz.

19.2.1856 Der Zimmermeister Johann Ertl aus der Au erwirbt das Objekt um 6300 Gulden. Die Familie wohnt offensichtlich im Haus, da der verheirateten Tochter Kreszenz laut Matrikelbuch im Soyerhof 1856 ein Sohn Ludwig und 1857 eine Tochter Anna geboren wird.

Soyerhof

6.2.1858	Franz Xaver Stechl aus Wasserburg als nächster Eigentümer zahlt für das Anwesen 14 500 Gulden.
26.5.1858	Franz Xaver Stechl (*30.7.1829) heiratet Cäcilia Singer (*8.5.1826), Bauerntochter aus Oed.
25.2.1859	Franz Xaver Stechl vertauscht das Anwesen mit 37 Tagwerk gegen einen Hof in Niederschönenfeld. Neuer Besitzer ist nun der Ökonom Jakob Grimm.
27.10.1863	Durch das Meistgebot bei der Versteigerung wird Nikolaus Pletschacher der nächste Eigentümer.
7.7.1864	Ferdinand und Theres Kammetmüller zahlen für das Anwesen 16 000 Gulden.
21.1.1867	Bei einer erneuten Versteigerung erhalten Therese Hinker und Johann und Ludwig Pletschacher den Zuschlag bei 4000 Gulden.
12.4.1869	Schreinermeister August Roth übernimmt das Anwesen für 6000 Gulden.
19.4.1870	Ökonom Haeusler aus Miefenhofen ist für 7500 Gulden neuer Eigentümer.
13.11.1871	Anton und Klara Scheckenhofer zahlen 10 750 Gulden für den Soyerhof.
7.5.1873	Kaufmann Carl Nockher erwirbt für 18 000 Gulden das Anwesen.
21.5.1873	Sofortiger Weiterverkauf für 25 000 Gulden an den Privatier Alois Hetterich.
2.3.1877	Neuer Besitzer ist Kaufmann Abraham Mayer aus Laupheim um 15 000 Mark.
13.11.1883	Die Gutspächter Paul und Maria Steber aus Milberthofen kaufen das Anwesen zum Preis von 14 500 Mark.
27.10.1885	Ökonom Pius Mächler aus Steinhausen erwirbt für 14 371 Mark das Wohnhaus mit Stallungen und Pumpbrunnen und 37 Tagwerk (12,6 Hektar) Grund. Ab 1896 werden Grundstücksteile parzelliert und an einen Bauunternehmer und eine Bank verkauft, andere ins Privatvermögen am Harlachinger Mühlenweg überführt.
5.8.1909	Überlassung des restlichen Anwesens mit 2 Hektar an die Fuhrwerksbesitzersehegatten Heinrich und Therese Mächler.
1936	Sohn Heinrich Mächler wird nach Erbauseinandersetzung Alleineigentümer. Der Katasterauszug für 1941 beschreibt das Anwesen noch mit einem Wohnhaus, Viehstall und Stadel, Pferdestallung und Getreidestadel sowie 1,5 Hektar Grund. Der Ort des ehemaligen Soyerhofs entspricht der heutigen Wohnbebauung an der Soyerhofstraße 14–16.

Warthof
Haus Nr. 129, heute Tegernseer Land- / Ecke Stadelheimer Straße

Joseph von Utzschneider nach einer Lithografie von Johann Baptist Dilger 1840.

Das evangelische Waisenhaus auf dem Gelände des Warthofs um 1920.

Warthof

Dieses Gut ist auch eine der neuen Hofstellen, die zu Beginn des 19. Jahrhunderts entstanden sind. Der Gründer war Joseph von Utzschneider, eine der bedeutendsten Persönlichkeiten von München zu dieser Zeit. Geboren am 2.3.1763 in Rieden am Staffelsee als Sohn eines Landwirts und Pferdehändlers tritt er 1784 in den bayerischen Staatsdienst ein. Er wird unter anderem Direktor der Maut- und Zolldeputation, Generaladministrator der bayerischen Salinen und Vorstand der Steuerkatasterkommission. Nachdem er 1801 wegen des Verdachts republikanischer Umtriebe aus dem Staatsdienst entlassen wird, kann er 1807 wieder in den Dienst zurückkehren. 1808 erhebt man ihn in den Adelsstand. Doch 1814 kehrt er dem Staatsdienst endgültig den Rücken und widmet sich einer vielfältigen, immer wieder wechselnden unternehmerischen Tätigkeit. Bereits 1801 hat er eine Lederfabrik am Isartor gegründet, 1810 eine Brauerei, Essig-, Branntwein- und Likörfabrik auf dem Gelände zwischen Schwabinger Tor und neuem Maxtor vor der alten Stadtbefestigung. Er ist 1818 mit seinen Firmen der größte Steuerzahler in München. Von 1818 bis 1823 ist er zweiter Bürgermeister und ab 1819 bis zu seinem Tod 1840 Mitglied der Abgeordnetenkammer.

- **3.8.1815** Für die Herstellung von Rübenzucker kauft er den Michlbauernhof in Giesing (Haus Nr. 12) und errichtet dort die erste Zuckerfabrik in Bayern.

- **20.6.1816** Zur Vergrößerung der Anbauflächen erwirbt Joseph von Utzschneider aus dem Besitz der Freifrau von Simmet (Lerchenhof, Haus Nr. 37) 5 Tagwerk Ackerland und 41 Tagwerk Wald, sogenannte Forstentschädigungsgründe. Es sind dies die Flächen, auf denen später der neue Hof entstehen wird.

- **1816–1819** Von den Giesinger Bauern (zum Beispiel Altwirt, Apotheker, Hauser, Spitzer) kauft er weitere Flächen an, insgesamt 82 Tagwerk. Die Bewirtschaftung erfolgt durch Ökonomieverwalter, die aber noch auf dem Michelbauernhof wohnen.

- **1823** An der Chaussee nach Tölz (heute Tegernseer Landstraße) entsteht ein neues Wohn- und Ökonomiegebäude mit Stadel und Stallungen.

- **29.3.1827** Erste Nennung als Warthof bei einem Sterbefall im Matrikelbuch der Heilig-Kreuz-Kirche. Die Entstehung des Hofnamens ist nicht bekannt.

- **1835** Durch laufende Zukäufe vergrößert sich die landwirtschaftliche Fläche auf 209 Tagwerk. Der Betrieb der Zuckerfabrik wird wegen Unrentabilität eingestellt.

- **31.1.1840** Joseph von Utzschneider verunglückt mit seinem Pferdegespann auf der Fahrt in die Ständeversammlung am Giesinger Berg tödlich. Sein Begleiter, der Abgeordnete und Pfarrer von Giesing, Dekan Johann Nepomuk Silberhorn, überlebt.

Warthof

20.6.1842 Der königliche Hofrat von Dessauer ersteigert aus der Utzschneiderischen Verlassenschaft das Landgut in Obergiesing mit dem Warthof.

29.9.1842 Hofrat von Dessauer verkauft dieses Gut an Ludwig Knorr für 33 010 Gulden. Ludwig Knorr stammt aus einer Münchner Kaufmannsfamilie und ist mit Elisabeth Sabbadini verheiratet, die ebenfalls aus einer Münchner Handelsfamilie gebürtig ist.

3.4.1846 Magistratsrat Ludwig Knorr überlässt seinem Sohn Ludwig (*1.7.1820) das Landgut Warthof.

25.8.1846 Ludwig Wilhelm Knorr, Gutsbesitzer, heiratet in der Giesinger Kirche Maria Josepha Antonia Stobauer (*26.11.1828), eine Rentamtmannstochter aus der Vorstadt Au.

14.5.1858 Edmund und Louise Herzner erwerben den Warthof mit 219 Tagwerk für 65 000 Gulden.

11.9.1873 Der Maler Josef Spengel (*30.1.1819, Hamburg) und seine Frau Julia (*11.2.1825) kaufen den Warthof mit Wohnhaus, Scheune, Stallungen, Säg- und Brenngebäude und 115 Tagwerk Grund für 62 000 Gulden.

19.10.1894 Die Eheleute Spengel überlassen dem Privatier Hermann Schülein eine Fläche von 5,7 Hektar für 63 400 Mark. Er ist der Sohn des Direktors der Unionbrauerei Joseph Schülein, einem großen Haidhauser Wohltäter.

31.8.1897 Weitere Grundstücke mit 30,5 Hektar erwirbt für 1 050 000 Mark die Münchener Allgemeine Terraingesellschaft AG.

5.12.1903 Durch den Tod ihres Manns wird Julia Spengel Alleineigentümerin des Hofs mit einer Restfläche von 1,3 Hektar.

21.7.1910 Tod von Julia Spengel. Sie ist mit ihrem Mann am Ostfriedhof begraben.

15.10.1910 Durch Vermächtnis wird der Evangelische Waisenhaus Verein München Eigentümer und unterhält auf dem Gelände des Warthofs ein Waisenhaus mit einem Wohnhaus, einem Anstaltsgebäude und einer Turnhalle.

9.6.1936 Die NSDAP übernimmt das Grundstück für 270 000 Reichsmark und gliedert des Geländes in die Reichszeugmeisterei ein. Die Waisenkinder werden in ein neues Heim in Freimann verlegt.
Nach dem Zweiten Weltkrieg dient das Gebäude der US-Armee als Verwaltungszentrum.

Brumerhof

Haus Nr. 130, später Stadelheim 2, heute Stadelheimer Straße beim Schwanseeplatz

3.11.1707   Im Matrikelbuch der Pfarrei Heilig Kreuz wird bei einer Taufe ein Pulvermacher ob der Au als Pate aufgezeichnet. Die gefährliche Herstellung von Pulver ist aus gutem Grund im Südosten am Waldrand der Gemarkung Giesing.

15.10.1810   Der Pulvermacher Johann Straßer erwirbt für 1500 Gulden Forstentschädigungsgründe. Im Hausnummernverzeichnis von 1815 ist ein eigenes Wohnhaus für den Pulvermacher nicht aufgeführt.

4.6.1818   Der Lehnerbauer Haus Nr. 29 verkauft an Johann Straßer 5 Tagwerk Holzgrund zur besseren Arrondierung seiner da selbst besitzenden Gründe.

9.12.1825   Der Pulvermacher tauscht weitere 6 Tagwerk ein. Im Tauschbrief wird er auch als Forsthausbesitzer bezeichnet.

9.5.1829   Johann Straßer, Pulvermüller und Anwesensbesitzer in Obergiesing, verkauft sein ludeigenes Haus mit Acker, Wiesen und Holz zu 16 Tagwerk für 1450 Gulden an den Krämer Franz Brummer in der Au.

21.5.1832   Heinrich Brummer (*1.8.1812), der Sohn von Franz und Theresia Brummer, heiratet Josepha Bauer (*16.1.1808), die Wirtstochter vom »Letzten Pfennig« (Haus Nr. 1), und erhält von seinem Vater das Anwesen.

1.8.1832   Sohn Franz Xaver wird geboren.

30.9.1833   Das nächste Kind Heinrich kommt zur Welt, doch die Mutter Josepha stirbt fünf Tage später im Kindbett.

29.4.1834   Sohn Heinrich überlebt seine Mutter nicht lange.

27.5.1834   Heinrich Brummer, Ökonom »am Holz gelegen«, heiratet Antonie Bauer (*4.10.1812), die Schwester seiner verstorbenen Frau. Im Heiratsvertrag wird das Anwesen auf 5286 Gulden geschätzt. Es ist jedoch mit einer Hypothek von 2000 Gulden und einem Muttergut für seinen Bruder Xaver Brummer mit 500 Gulden belastet. Die Braut hat ein Heiratsgut von 1000 Gulden. Drei Kinder kommen zur Welt, von denen aber das erste schon mit neun Monaten stirbt.
Die Pulverherstellung wird von Brummer offensichtlich nicht mehr ausge-

Brumerhof

übt. Das Anwesen heißt aber immer noch beim Pulvermacher. Erst später bürgert sich (nach seinem neuen Besitzer) der Name »Brumerhof« ein, aber in der Schrebweise mit nur einem »m«.

4.4.1841 Heinrich Brummer erwirbt den »Schweizerwirt«, spätere Tegernseer Landstraße 64, um 12 200 Gulden. Er betreibt die Wirtschaft selbst. Zwei weitere Kinder werden dort geboren. Brummer steigt auch in den Grundstückshandel seiner Vorbesitzer ein und veräußert aus dem zum Wirtschaftsanwesen gehörenden Wiesenanger neun Bauplätze.

1.2.1844 Für 20 400 Gulden verkauft er auch den »Schweizerwirt«.

18.3.1847 Heinrich und Antonie Brummer veräußern für 7000 Gulden ihr Anwesen am Holz mit 29 Tagwerk Acker, Wiesen, Holz und Waldung an den Wirt aus München, Xaver Ruile, und dessen Ehefrau Kreszentia. Das Ehepaar ist den beiden schon lange bekannt, denn sie sind die Taufpaten ihrer Kinder.

1856 Im ersten Straßenverzeichnis der Vorstadt Giesing wird das Haus vom Privatier Rulie Brumerhof genannt.

1.4.1859 Joseph und Ursula Kain, Ökonomeneheleute, erwerben und bewirtschaften auch den Brumerhof. Sie zahlen als Kaufpreis 9000 Gulden.

31.5.1861 Die nächsten auf dem Brumerhof sind die Eheleute Johann und Franziska Widmann, die als Gegenwert für den Hof eine Herberge in der Milchstraße in Haidhausen an die Verkäufer überlassen.

19.9.1863 Weiterverkauf an Nikolaus und Katharina Hengeler um 10 300 Gulden.

30.6.1865 Der neue Käufer und Hofbewirtschafter Jakob Kopold aus Ofterhausen bezahlt 16 000 Gulden.

28.11.1865 Jakob (*21.7.1827) heiratet die Gütlerstochter Magdalena Huber (*13.7.1837) aus Bachern bei Dachau.

11.4.1866 Nächster Eigentümer ist der Hausbesitzer Simon Hack, der 17 000 Gulden für den Hof entrichtet.

26.7.1867 Der Ökonom Nikolaus Hengeler, der bereits einmal das Anwesen besessen hat, erwirbt erneut das Haus.

23.6.1874 Benedikt Schöllhorn, Ökonom aus Sonthofen, ist der nächste Bauer auf dem Hof für einen Kaufpreis von 15 000 Gulden.

22.3.1876 Theodor Heinrich Hoech kauft das Anwesen mit zuletzt 28,365 Tagwerk

Grund um 23 871 Mark und dazu einen Bauplatz in der Augustenstraße in München.

Die Grundstücke des nun mehrigen Stadelheim 2 werden mit dem ebenfalls in seinem Besitz befindlichen Haus Nr. 131, Stadelheim 1, vereinigt. Auf dem Restanwesen entsteht eine Gastwirtschaft, die nur als Sommerwirtschaft mit einem großen schattigen Garten betrieben wird.

27.8.1879 Christine Schneider erwirbt das Gut Stadelheim 1 und die von ihr weiter betriebene Sommerwirtschaft Stadelheim 2 für insgesamt 90 000 Mark.

19.6.1889 Die Stadtgemeinde München kauft beide Anwesen um 125 000 Mark, heute Friedhof am Perlacher Forst (Eröffnung 1931).

Stadelheim

Haus Nr. 131, heute Stadelheimer Straße beim Schwanseeplatz

Wirtschaft »Alt Stadelheim« um 1930.

7.8.1825   Joseph Sailer, Metzger in Haidhausen, erwirbt 6 Tagwerk Wald vom Sattlerbauer in Obergiesing (Haus Nr. 17).

9.12.1825   Im Tauschwege kommen weitere 6 Tagwerk Wald von seinem Nachbarn Johann Straßer, einem Pulvermacher und Forsthausbesitzer, hinzu, der spätere Brumerhof (Haus Nr. 130).

30.3.1838   Der verwitwete Ökonom Joseph Sailer aus Haidhausen verkauft für 14 600 Gulden sein Haus in Obergiesing, zu dem inzwischen 18,37 Tagwerk Acker, 16,81 Tagwerk Wiesen und 92,11 Tagwerk Holz und Waldung gehören, an den Hausmeister (Direktor) des königlichen Strafarbeitshauses in der Au Joseph Stadler.

Stadelheim

21.7.1841 Nach dem Tod von Joseph Stadler veräußert seine Tochter Mathilde das Gesamtanwesen an Markus Bichl, bürgerlicher Bierbräu vom Franziskaner in München, um 23 000 Gulden.

1844 Das zuerst Metzgerstadl genannte Haus (nach dem Metzger Sailer) wird im Häuserverzeichnis dieses Jahres nun als Stadlerheim, Stadelheim aufgeführt.

28.6.1844 Neuer Besitzer für 30 000 Gulden wird Vitus Erhard, ein Melber (Mehlhändler) in München.

10.1.1845 Erhard erzielt beim Weiterverkauf an die Augsburger Privatiereheleute Franz und Hermine Weber einen Erlös von 42 000 Gulden.
Zum Haus gehören nun 145 Tagwerk Grund. 82 Tagwerk Holz sind zwischenzeitlich gerodet und als Ackerland kultiviert.

22.12.1849 Die Eheleute Weber veräußern den Besitz, zu dem jetzt auch eine Branntweinbrennerei gehört, lediglich für 31 500 Gulden an den königlich-bayerischen Rittmeister Friedrich Freiherr von Satzenhofen und Rothenstadt bei Weiden.

18.5.1853 Nächster Eigentümer wird Privatier Franz Schömenauer aus München für die Summe von 35 000 Gulden.

29.8.1853 Dr. Raimund Veit, Staatsgüteradministrator, erwirbt den Besitz zum gleichen Preis.
Er wohnt selbst mit seiner Familie in diesem Anwesen.

19.11.1853 Karoline Veit, Staatsgüteradministratorengattin, stirbt mit 55 Jahren.

22.9.1857 Der Witwer Dr. Raimund Veit, der noch für die Wahl zum Gemeindebevollmächtigten kandidiert hat, verstirbt mit 72 Jahren.

23.12.1858 Im Wege des gerichtlichen Zwangsverkaufs geht das Anwesen für 31 000 Gulden von der Tochter Laura Veit an den königlichen Kreisbaubeamten Karl Klumpp.
Im Katasterverzeichnis ist das Gut wie folgt beschrieben:
»Wohnhaus mit hierunter befindlichem gewölbten Keller, Stallung, Getreidestadel mit 2 Tennen, Wasch- und Brennhaus mit Keller, Wagenremise, Schweinestall, Holzremise mit Zeugkammer, Brunnen, Hofraum und Dungstatt hinter dem Stall, Gras- und Baumgarten, Hausanger mit englischen Anlagen und Schweizerhäuschen und hierunter befindlichem gewölbten Keller, Gemüsegarten mit Gartenhaus, Kegelbahn und Bassin, das kleine Hauptfeld mit 38 Tagwerk, das große Hauptfeld mit 58 Tagwerk, bei-

Stadelheim

de walzende Äcker [das heißt bei Verkauf nicht aufteilbar], weitere Äcker und Wiesen, insgesamt 140 Tagwerk 557 Dezimal.«

11.4.1864 Karl Dorn zahlt 22 000 Gulden für den Besitz.

28.6.1866 Für das Meistgebot von 20 500 Gulden wird Felice Nussiano Eigentümer.

2.12.1869 Privatier Wilhelm Schmitt aus Ludwigsburg ist neuer Besitzer zum Kaufpreis von 35 000 Gulden.

31.12.1870 Nächster Käufer ist die Hauptmannsgattin Julia von Schmuck, die 50 000 Gulden bezahlt.

25.5.1872 Robert Trautmann, Kammergutspächter von Gräfenbruck, zahlt den gleichen Preis für das Anwesen.

18.10.1872 Georg Lindner und Joseph Herb erwerben für 48 000 Gulden das Stadelheimer Gut.

2.11.1872 Alleineigentümer wird Joseph Herb.

8.8.1873 Durch Urteil wird der Kaufvertrag vom 18.10.1972 für ungültig erklärt und Robert Trautmann wieder zum Eigentümer erklärt.

29.11.1877 Heinrich Theodor Hoech kauft für 51 900 Gulden das Anwesen Stadelheim. Er trennt 8 Gärtnereianwesen mit 16,338 Tagwerk ab, die an der heutigen Schwanseestraße entlang der Eisenbahnlinie nach Deisenhofen liegen. Übriggeblieben davon sind die heutigen Gärtnereien Berchtenbreiter und Rutz.

27.8.1879 Christine Schneider wird für 90 000 Mark die nächste Gutsbesitzerin von Stadelheim 1.

19.6.1889 Die Stadtgemeinde München zahlt für den Besitz mit 142,873 Tagwerk (einschließlich der Grundstücksflächen des Brumerhofs, Stadelheim 2) 125 000 Mark.
Heute liegt auf dem Gelände unter anderem der 1931 errichtete Friedhof am Perlacher Forst.

Sonstige landwirtschaftliche Anwesen

Im 19. Jahrhundert entstehen um den Dorfkern von Obergiesing bäuerliche Anwesen auch als Nebenerwerbsbetriebe, deren Eigentümer meistens sogenannte Milchmänner sind (Haltung von zwei bis drei Kühen und Verkauf der Milch ambulant in der Stadt München). Die nötigen Wiesengrundstücke werden in der Regel sukzessive erworben.

Auch die Isarregulierungen ermöglichen nun auf den Wiesenauen zwischen Lohe und Isar einen sicheren Weidebetrieb.

Durch das langsame Verdrängen aus der Isarvorstadt ab Mitte des 19. Jahrhunderts ziehen auch Gärtnereibetriebe in das Dorf Obergiesing, da auch auf relativ kleinen Grundstücken eine intensive Nutzung als Gartenbaubetrieb möglich ist (unter anderem an der Wirtstraße und am Perlacher Weg, später dann im Bereich Werinher-/Warngauerstraße, an der Deisenhofener-, Säbener- und Tegernseer Landstraße).

Sonstige landwirtschaftliche Anwesen

Tegernseer Landstraße 57
heute Stadtteilbibliothek

1826   Wohnhaus mit Kutlerschlachthaus, Fleischbank und Schweinestall, erbaut 1826.
Lorenz Steimer, der Sohn des ersten Besitzers, ist mit Magdalena Bayerl verheiratet, einer Stieftochter von Martin und Maria Mayrhofer, den Besitzern des Altwirts (Haus Nr. 15).

1896   Die geerbten Grundstücke vom Altwirtanwesen werden 1862 auf das Haus an der Tegernseer Landstraße übertragen. Spätere Besitzer veräußern 1896 das Grundstück an die Stadtgemeinde München.

Tegernseer Landstraße 69
heute »Pension Fischer«

Wohnhaus mit Stallung und Stadel und circa 20 Tagwerk Grund.

1851   Im Besitz von Ferdinand Müller, Milchmann. Um 1861 Errichtung einer Gaststätte mit realer Bierwirtschaftsgerechtigkeit. Die Tochter Therese ehelicht 1871 den Bauernsohn Georg Magerl vom Apothekeranwesen (Haus Nr. 19).

ab 1886   Der Verkauf der landwirtschaftlichen Grundstücke als Bauland beziehungsweise an Gärtnereien beginnt.

1902   Abbruch der alten Gebäude und Neubau eines Wohnhauses mit Wirtschaftslokalitäten und Verkaufsräumen. Käufer des »Giesinger Volksgarten« sind 1918 die Gastwirtseheleute Johann und Anna Fischer. Die Nachkommen betreiben heute im Gebäude die »Pension Fischer«.

Tegernseer Landstraße 92

1844   Erwerb des Anwesens mit 9 Tagwerk Grund 1844 durch den Ökonomen und Milchmann Simon Filser. Er ist mit Maria Rattenhuber, einer Tochter des Lehnerbauern (Haus Nr. 29) verheiratet, 1894 Verkauf der landwirtschaftlichen Grundstücke durch einen späteren Besitzer.

Sonstige landwirtschaftliche Anwesen

Pilgersheimer Straße 9, später Pilgersheimer Straße 28

Das Schatzlanwesen 1910.

Am 28.11.1820 erwirbt Joseph Gebhardt, der Besitzer des Hoffischerhofs (Haus Nr. 26), für 2044 Gulden 4 Tagwerk Wiesen zwischen der Lohe und der Isar. Der für das Hoffischeranwesen gelegentlich wegen des Mitbesitzes des Schatzlguts (Haus Nr. 5) gebräuchliche Hausnamen Schatzl wird auch für dieses Haus verwendet.

Sein Sohn und dann sein Enkel vergrößern bis 1885 den Betrieb auf 40 Tagwerk (19 Hektar).

Ab 1896 Verkauf der Gründe an die Stadt München und andere. Eine Erbengemeinschaft veräußert den restlichen Besitz 1949 an den Bäcker Hans Müller.

Nach Stilllegung der Backfabrikation 1961 erwirbt die Firma Karl Thiemig das Gelände.

Giesinger Güter und Edelsitze

Am Rande der Gemarkung des Dorfs Obergiesing im Süden an der Waldgrenze an den Hangkanten des Isartales bestehen seit langem landwirtschaftliche Großbetriebe, Schwaigen genannt, meistens reine Milchwirtschaftsbetriebe. Die Aufzählung dient der Vollständigkeit. Auf eine ausführliche Beschreibung der Güter und Edelsitze wird hier daher verzichtet.

Giesinger Güter und Edelsitze

Schwaige Harthausen

heute Gaststätte »Menterschwaige«, Menterschwaigstraße 4

Die Gaststätte »Mentschwaige«, Zeichnung von 1883.

Die Schwaige ist seit dem 15. Jahrhundert im Besitz der bayerischen Herzöge. Zur Ökonomie und dem Weiler gehört auch die kleine Kirche St. Margarethen, die bereits 1198 geweiht und ursprünglich im Besitz des Klosters Schäflarn ist. Sie wird widerrechtlich 1804 vom damaligen Schwaigbesitzer abgerissen.

Seit der Mitte des 18. Jahrhunderts ist das Gut im privaten Eigentum. 1753 erwirbt die Familie Nockher die zum königlichen Rentamt grundbare Schwaige mit 139 Tagwerk Grund (Nockherschwaige). Nach mehreren Besitzerwechseln kauft 1807 Peter Gaigl, bürgerlicher Menterbräu, den Besitz (»Menterschwaige«).

Bereits 1803 besteht beim Gutshof eine Gaststätte. Neuer Eigentümer wird 1825 Kaspar Zörnlein. Sein Grabdenkmal steht am Friedhof der Harlachinger St.-Anna-Kirche. Zum Gut gehört ein gemauertes Wohnhaus, eine gewölbte Hornviehstallung, eine gemauerte Pferdestallung, hölzerne Stadl, Wagen- und Holzremisen dazu 67 Tagwerk Feldgründe und 72 Tagwerk Waldungen.

Die Stilllegung des landwirtschaftlichen Betriebs Ende des 19. Jahrhunderts ist eine Folge des Erwerbs und der Parzellierung des ganzen Bereichs durch die Heilmann'schen Immobiliengesellschaft.

Der Rest der Schwaige Harthausen ist heute die Ausflugswirtschaft »Menterschwaige«.

Gut Harlaching

Die Schwaige zu Harlaching, östlich der St.-Anna-Kirche, ist ursprünglich im Besitz des Klosters Tegernsee (Lehensvergabe durch den Abt und Konvent im Jahre 1396).

Herzog Wilhelm V. erwirbt 1527 von Kloster die Schwaige. Spätestens 1742 ist sie im Eigentum der Familie der Freiherrn von Mayr, dann 1793 ein Ritterlehen des Fürsten von Isenburg. Mindestens seit 1836 besteht beim Gut eine Gaststätte (Pachtvertrag mit dem Wirt Heinrich Brummer, siehe Brumerhof, Haus Nr. 130).

Die Erbin des Fürsten, Caroline von Coester, geborene Fürstin Hohenlohe Waldenburg, veräußert am 20.2.1852 das Gut mit 468 Tagwerk an Graf Carl von Vieregg, Kürassiermajor a la Suite und Landwehrmajor, zusammen mit den Gütern Siebenbrunn und Hellabrunn für 76 500 Gulden. 1857 übernimmt Joseph Freiherr von Hirsch, königlich bayerischer Hofbankier, alle drei Güter bis 1887.

Nach kurzzeitigem Eigentum in den Händen der Realitätenbesitzer Rattenhuber und Schrauth erwirbt der Bauunternehmer Jakob Heilmann 1893 das Areal und leitet die Bebauung der Grundstücke des Guts Harlaching ein.

Giesinger Güter und Edelsitze

Geiselgasteig

Noch weiter draußen, an der Grenze der Gemarkung des Dorfs Obergiesing, liegt das Gut Geiselgasteig. 1426 hat Herzog Wilhelm von Bayern den Hof gekauft und eine Schwaige zur Viehzucht errichtet.

Die Kapelle Zum Heiligen Blut, errichtet vom Pächter Balthasar Ronpacher 1627 an der Nördlichen Münchener Straße, gehört seelsorgerisch bis 1913 noch zur Pfarrei Heilig-Kreuz, dann nach Grünwald.

Giesinger Güter und Edelsitze

Siebenbrunn
heute Siebenbrunner Straße 5

Wirtschaft »Siebenbrunn«.

Der Obrist-Jägermeister Baron Preysing hat von Kurfürst Albrecht um einen »öden Platz in der Obergiesinger Au zur Anrichtung eines Heuets für seine Dienstpferde« gebeten und am 24.9.1728 60 Tagwerk geschenkt erhalten. Diese Wiesen am Mühlbach unterhalb der Harlachinger Kirche gehören ursprünglich zum Gut Harlaching und sind von dort abgetrennt worden. Er verkauft sie aber sofort an den Hofkammersekretär und Gejaidschreiber Johann Wolfgang Paur. Auch dieser veräußert den Besitz am 28.2.1739 weiter an Johann Baptist Kistler. Unter dem nächsten Eigentümer Johann Joseph Perger, Leibmedikus des Kurfürsten Max III. Joseph, wird der Hof Siebenbrunn zum selbstständigen adeligen Sitz erhoben. Seine Witwe, wiederverheiratet mit dem Revisionsrat Schelff, verkauft das Erbe am 21.10.1763 an den Grafen Johann Joseph von Paumgarten um 6300 Gulden. Erneuter Verkauf nun für 22 000 Gulden am 9.7.1770 an den Hofkammerrat Johann Carl Edler von Sobeck, von dem es über die Firma Johann Georg Grechtler und Co in Wien

Giesinger Güter und Edelsitze

an Walter Schmalz und Gottfried Fehr, Tuchfabrikanten ob der Au, übergeht, aber schon am 14.6.1771 an Anton von Grainer, Direktor der kurfürstlichen Pfisterei, weitergereicht wird. 1812 ist der Fürst von Isenburg Eigentümer des mit 48 Tagwerk inzwischen kleiner gewordenen Guts, das nunmehr die gleiche Eigentümerfolge wie das Gut Harlaching teilt. Nach Baron von Hirsch folgt hier der »Baulöwe« Heinrich Hoech (siehe auch Stadelheim, Haus Nr. 131).

Als Erinnerung an den Edelsitz Siebenbrunn, benannt nach den Quellen am Berghang, besteht seit 1905 die Gaststätte mit Biergarten.

Hellabrunn
heute Tierpark Hellabrunn

Wie Siebenbrunn gehört Hellabrunn zuerst zum Gut Harlaching und damit ursprünglich zum Besitz des Klosters Tegernsee.

Am 20.3.1754 wird mit kurfürstlichem Rescript der Hof des Obristwachtmeisters und Landzeughausamtsverwalters Franz Anton von Paur zum adeligen Sitz erhoben. Das Anwesen besteht nur aus einem Bauernhof und hat als Nachbarn die schon 1149 erwähnte Harlachinger Mühle. Auf dem Gut sitzen nacheinander mehrere Eigentümer bis 1812 auch dieser Sitz mit 58 Tagwerk dem Fürsten von Isenburg gehört.

Ende des 19. Jahrhunderts planen spätere Besitzer eine industrielle Nutzung des Geländes, die aber von den Anliegern in Harlaching in den neuen Wohngebieten als nicht bürgerfreundlich verhindert wird.

1903 werden die Gutsgebäude, 1905 die Harlachinger Mühle abgebrochen und ab 1911 entsteht auf den ehemaligen Wiesen von Hellabrunn der Münchner Tierpark.

Literaturverzeichnis

Die Angabe der einzelnen Fundstellen und Quellen bei den Anwesen würde zu einer unübersichtlichen Ausweitung der Texte führen. Sie werden daher nur summarisch aufgeführt.

Quellen

Archiv der Pfarrei Heilig Kreuz München-Giesing:
    Pastoralgrundbuch Archiv 145 / 2
    Josef Scharrer, Kirchenpfleger: Jugenderinnerungen 1929
Archiv des Vereins »Freunde Giesings e. V.«
Bistumsarchiv Speyer:
    Martikelbücher Herxheim
Diözesanarchiv der Erzdiözese München und Freising:
    Matrikelbücher Heilig Kreuz München-Giesing MM 361ff.
    Benefizium Höhenkirchen Bfz Höhenkirchen PB 109
Festschrift 100 Jahre Bäckerinnung
Freudenberger, Josef: Aus der Geschichte der Au 1927
Hauptstaatsarchiv München: Klosterurkunden, Klosterfaszikel, Gerichtsliteralien,
    Gerichtsurkunden Landgericht Wolfratshausen
Heller, Barbara: Die Geschichte der Urbarschmiede in Obergiesing (unveröffentlicht)
Hilble, Fritz: Die alten Münchner Mühlen und ihre Namen
Holzfurtner, Ludwig: Historischer Atlas von Bayern, Landgericht Wolfratshausen
Mayer, Alexander: Nikolaus Weigel, Wien 2010
Riepl, Reinhard: Wörterbuch zur Familien- und Heimatforschung
Scharf, Alfons: Archivfundstellen zur Regulierung des Giesinger Berges (unveröffentlicht)
Staatsarchiv München: Bestand Kataster 11928 ff
    Bestand Briefprotokolle (BrPr) 13255–13293
    Bestand Briefprotokolle (RMA Mü Unterbehörden) 3604–3625
    3744–3769
Stadtarchiv München: Bestand Giesing, Besitzveränderungsbuch Giesing
    Lagepläne
    Tiefbauamt
Westenthanner, Markus: Die Giesinger Pfarrei zum Heilig Kreuz 1927

Literatur

Assél, Huber: München und das Bier, München 2009
Guttmann, Thomas (Hg.): Giesing vom Dorf zum Stadtteil, München 1990
Guttmann, Thomas (Hg.): Giesing und die Eisenbahn, München 1998
Guttmann, Thomas (Hg.): Unter den Dächern von Giesing, München 1993
Haftmann. Karl: Giesing Bauern, Bach und Berg, München 2004
Karl, Willibald / Verein Freunde Giesing e. V. (Hg.): Giesinger Köpfe, München 2008
Mooseder, Georg / Hackenberg, Adolf: 1200 Jahre Perlach, München 1992
Paula, Georg / Weski, Timm: Denkmäler in Bayern Landkreis München
Störmer, Wilhelm: Die Bajuwaren, München 2007

Abbildungsnachweis

Alle Abbildungen wurden für diese Publikation freundlicherweise zur Verfügung gestellt vom Verein »Freunde Giesings e.V.«, mit folgenden Ausnahmen:

Privatbesitz: S. 43, 164 (Porträt), 51, 68, 77, 113, 114, linke Umschlagklappe innen

Herzlichen Dank an Ernst Frey, der dankenswerterweise die Faksimile-Zeichnungen seines Urgroßvaters Anton Gaiser (erster Bezirksinspektor in Giesing) zur Veröffentlichung freigegeben hat. (Zeichnungen S. 19, 127, 130, 152, 178)

Wir engagieren uns

Um **nachhaltig** zu handeln, haben wir ein **gutes Motiv!**

Bei unseren Förderprojekten haben wir immer die Region Oberbayern im Sinn – und die Zukunft im Blick. Nachhaltigkeit – das ist ein sperriges Wort. Wir füllen es mit Leben und Verantwortung. Ganz gleich, ob wir gesellschaftliche, soziale, kulturelle oder ökologische Anliegen unterstützen.

Tegernseer Landstraße 36 · 81541 München
46 Geschäftsstellen in München und Oberbayern.
SpardaService-Telefon: **089 55142-400**

Kundenmonitor® Deutschland 2012
Platz 1
Sparda-Banken
(Platz 1 von 1993-2012)
Kundenzufriedenheit
bei Banken und Sparkassen unter 8 ausgewiesenen Instituten

Stiftung Warentest Finanztest
1
Top-Ergebnis
Im Test: Preise der Kontoführung
Ausgabe 02/2013

www.sparda-m.de

Sparda-Bank

freundlich & fair